ポックリ往生パワースポット

コロリ地蔵さん　ボケ封じ観音さん

全国寺社完全ガイド

青志社

はじめに

「これからの人生」を充実させる長寿ポックリ往生スポットめぐり

健康で長生きし、ボケずに、もし病気になったとしても長患いせず、下《しも》の世話にならず、安らかに往生したい――。〝ぴんぴんころり〟は、万人の願いです。とくに近年は超高齢社会となり、中高年の方々はもちろん、高齢の家族を持つ若い方々にもポックリ往生スポットめぐりがちょっとしたブームになっています。

たとえば、福島県会津地方の「会津ころり三観音」へはバスツアーも出ていますし、名古屋市の八事山《やごとさん》興正寺《こうしょうじ》では、毎月二回ある〝ポックリさん〟の縁日に毎回一万人もの参詣者でにぎわいます。

いっぽうで、山里の道端にたたずむ〝コロリ地蔵さん〟を地元の住民が大切に守り、信仰している地域もあります。

そもそも、日本では昔からポックリ信仰がありました。観音さまやお地蔵さまは、私たちの悩みや苦しみを聞き、それを取り除いてくれる仏さまです。いまも昔も〝ぴんぴんころり〟は万人の願いなのですから、長寿と安楽往生を専門とする仏さまがいるのも当然のことでしょう。

本書は、全国の「長寿ポックリ往生」「ボケ封じ」などを祈願する寺社や仏さまを紹介する、日本初の【ポックリ往生パワースポット・全国寺社ガイドブック】です。寺社の由来や仏さまのご利益、そしてお守りやご利益グッズなどあらゆるポックリ往生・ボケ封じの情報を満載しました。

ポックリ寺をめぐるご利益旅行も楽しいですし、温泉旅行のついでにちょっと立ち寄ってみるのにも絶好のスポットがたくさんあります。

こんな時代だから、元気と笑顔をいただきに、ポックリ往生スポットへ出かけてみてはいかがでしょうか。

青志社　文芸部

ポックリ往生パワースポット　全国寺社完全ガイド――目次

2 東海・近畿のポックリ往生パワースポット

3 中国・四国・九州のポックリ往生パワースポット

4 東北のポックリ往生パワースポット

5 まだまだある！ 全国のポックリ往生パワースポット

【本書のデータの見方】

立木観音 恵隆寺
宗派：真言宗豊山派
所在地：福島県河沼郡会津坂下町塔寺松原2944
電話番号：0242-83-3171
拝観時間：９時～16時
交通：JR只見線会津坂下駅よりバス立木観音前下車、徒歩１分（車で10分）
拝観料：観音堂300円

◎電話番号の記載のない寺社は、無住職・無人の寺社・お堂などです。
◎拝観時間内であっても寺社の都合で参拝できない場合もあります。
◎交通の（車で○分）という表記は、その駅からの車での所要時間です。
◎拝観料の記載のない寺社は、境内へは無料で入ることができます。拝観に事前予約が必要な寺社はその旨を記載しています。

＊寺社では法要が行なわれている場合もあります。静かにお参りしましょう。
＊問い合わせをする場合は拝観時間内に行ないましょう。
＊観光協会等への問い合わせは所在地の確認のみでお願いします
＊本書のデータは取材時（2011年４月現在）のものです。

1

関東・甲信越の

ポックリ往生パワースポット

1986（昭和61）年に修復された藁干し観音・長寿ぽっくり観音さま

桐生だるま市で知られる

普門寺《ふもんじ》

先代住職も大往生を遂げた〝長寿ぽっくり観音〟

観音さま

群馬県桐生市

毎年一月第三日曜に開かれる「桐生《きりゅう》だるま市《いち》」で知られる無畏山《むいさん》 普門寺《ふもんじ》。当日、参道や境内には、だるまを売る店のほか、さまざまな露店が立ち並び多くの人出でにぎわう。

戦国大名の桐生領主由良成繁《ゆらなりしげ》が、一五七五（天《てん》正《しょう》三）年に新田郡世良田郷《にったごおりせらたごう》（現在の太田市）にあった普門寺をこの地に移した。

本尊の聖観音《しょうかんのん》よりも有名なのは、「長寿ぽっくり観音」として観音堂に安置されている十一面観音だ。金箔寄木造《よせぎづくり》、高さ百二十センチの座像で、由良成繁が戦勝記念に奉納したものだと伝わる。

この観音さまは、昔から近隣農民に信仰されており、収穫した稲束を雨から守ってくれた伝説から「藁干《わらぼ》し観音」の名を持つ。それが長寿ぽっくり観音として信仰を集めるようになったのは、先代住職の〝ぽっくり大往生〟がきっかけだ。

この観音さまを朝夕拝んでいた先代住職は一九八一（昭和五十六）年、他県を旅行中に苦しまずにあの世に旅立った。七十六歳だった。以来、「ご住職のようにポックリ往きたい」と、地元の人たちはさらに篤《あつ》く信仰するようになった。

一九八六（昭和六十一）年に観音堂が再建され、毎月十八日に十一面観音例祭が行なわれている。この日は観音さまが開帳され、多くの参詣者が訪れる。

また、普門寺は「あじさい寺」としても有名で、毎年六月の開花時期には本堂へ続く長い石段の左右に約二百本の紫陽花《あじさい》が咲き乱れる。

〔周辺散策〕

普門寺から南へ1キロほどのところにある**観音院**（真言宗豊山派）は、日を限って願掛けすれば願いがかなうという日限《ひぎり》地蔵がまつられている。

毎月24日がお地蔵さまの縁日で、境内の茶店ではくずきりや甘酒を味わうことができる。

観音堂までの石段は88段

普門寺のだるま市は桐生三大祭りのひとつ

普門寺

宗派：曹洞宗
所在地：群馬県桐生市菱町4丁目2274
電話番号：0277-43-5683
拝観時間：境内拝観自由
交通：JR両毛線桐生駅よりバス稲荷橋東下車、徒歩３分（車で10分。上毛電鉄上毛線西桐生駅からも同じ）

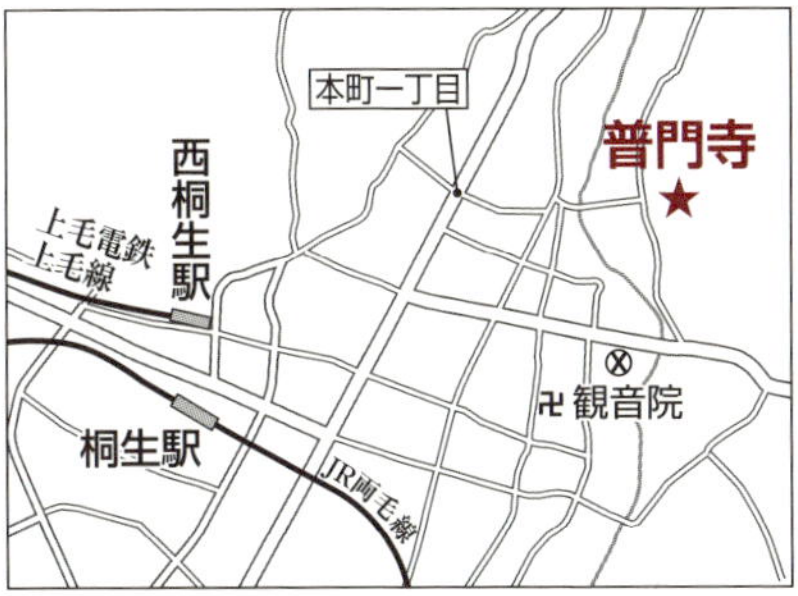

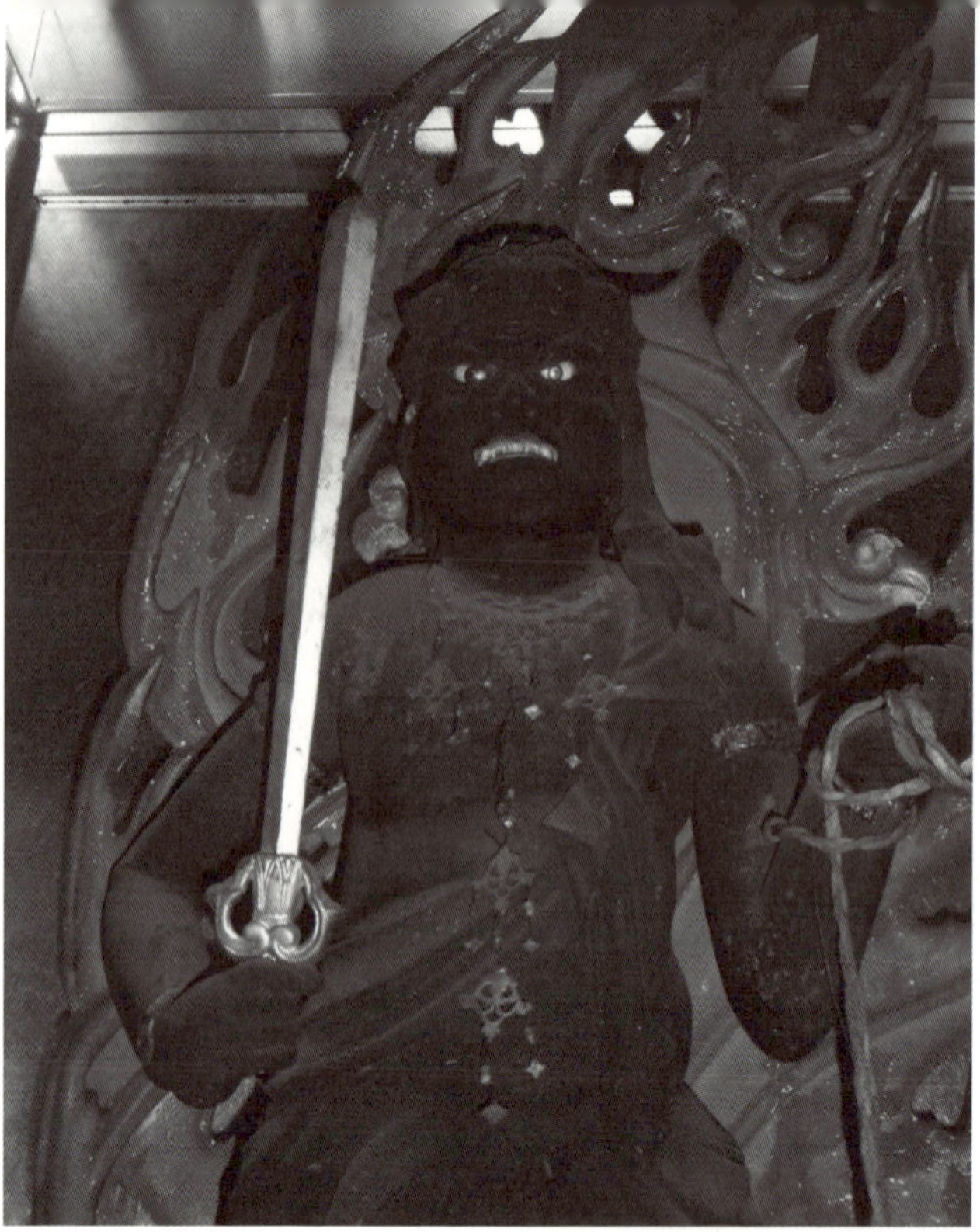

「ぽっくり不動」と呼ばれている本尊の願掛け不動尊

伝統の護摩《ごま》祈祷でにぎわう　常楽寺《じょうらくじ》

ご利益の効果が永遠に続く〝ぽっくり不動〟

お不動さま

群馬県館林市

光明山《こうみょうざん》 常楽寺《じょうらくじ》は、奈良時代の名僧 行基《ぎょうき》が開いたと伝えられる古刹だ。鎌倉時代には末寺一八カ寺を持つほどの大寺院だった。願掛け不動明王、厄除け薬師如来、開運毘沙門天《びしゃもんてん》などをまつり、現在も霊験あらたかな祈祷寺として祈願者が訪れる。

さまざまな仏さまがまつられているが、江戸時代元禄《げんろく》年間（一六八八～一七〇三年）に不動明王が本尊となり、現在に至る。

このお不動さまは〝願掛け不動尊〟として、信じる者を頭の上の蓮に載せて、さまざまな願いをかなえてくれるといわれている。

とくに安楽往生の「ぽっくり不動」と呼ばれている。これは、ご利益を久しく保つという意味の大和《やまと》言葉「保久利《ほくり》」に由来する。住職が代々伝わる版木で「安楽往生」のお札を手刷りしているので、ぽっくり往生のお参りの際は求めるとよいだろう。

また、境内のお地蔵さまは「やきもち地蔵」と呼ばれている。このお地蔵さまは男地蔵で、近くにある深諦寺《じんたいじ》の女地蔵に恋をして、夜になると遊びに行くので住職が柵を作って外出できないようにしたという伝説がある。男女の嫉妬心を戒めるといわれ、お参りするときには焼いたお餅を供えて心の平安を祈る。

常楽寺がとくに参詣者でにぎわうのは護摩《ごま》供養のときだ。初護摩は、不動護摩・毘沙門護摩の二つの護摩壇から同時に火柱が上がり、圧巻。十一月の柴燈《さいとう》護摩の**火生《かしょう》三昧《ざんまい》（火わたり）は、参詣者の誰でも参加できる**。

柵に入ったやきもち地蔵

［周辺散策］
常楽寺から500メートルほど北にある**深《じん》諦寺《たいじ》**（時宗）の女地蔵は、あらゆる病や恋の願い事に霊験があり、日にちを限ってお参りすれば願いがかなう日《ひ》限《ぎり》地蔵といわれている。
8月に雨を祈願して街を練り歩く「ささら舞」のお祭りは深諦寺からスタートし、常楽寺にも立ち寄る。

初護摩は正月元旦から4日まで

◆関東八十八ヵ所霊場　第十五番札所
◆関東百八地蔵尊霊場　第十九番札所
◆新上州観音霊場　第八番札所

常楽寺

宗派：真言宗豊山派
所在地：群馬県館林市木戸町甲580
電話番号：0276-72-6565
拝観時間：9時～16時
交通：東武伊勢崎線多々良駅より車で10分

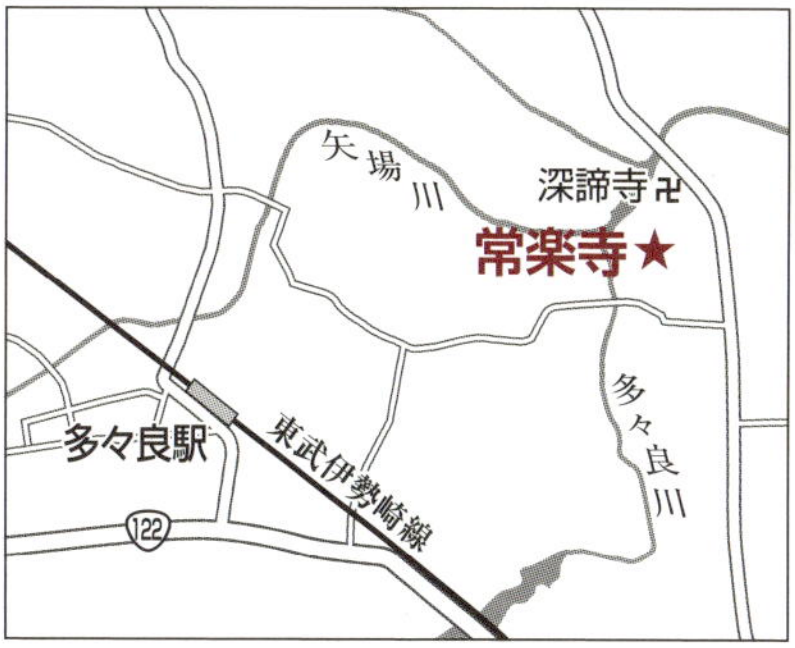

http://blogs.yahoo.co.jp/kanmankiriku/

日本三大地蔵尊のひとつ

岩船山《いわふねさん》 高勝寺《こうしょうじ》

人々を導き救済してくれる〝生身の地蔵〟

関東・甲信越

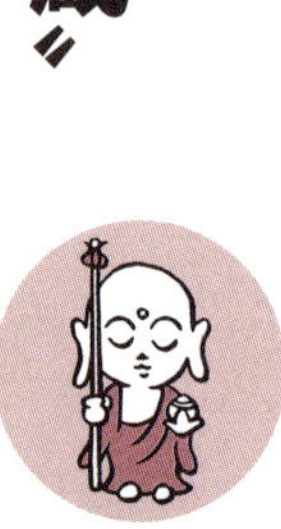

お地蔵さま

栃木県岩舟町

坂中地蔵。明願が生身のお地蔵さまと最初に会った場所に立つ

岩船山は、江戸時代から「岩舟石」の砕石場として栄えていた栃木県岩舟町のシンボルだ。山全体が船の形をしていることから名がついた。

　この山は、死者の霊魂が集まる霊山として知られている。昔から日本人は自然に守られて生活しており、山や森を霊魂の住む場所として崇《あが》め、信仰の対象としてきた。

　標高百七十二メートルの山頂に建つ岩船山《いわふねさん》 高勝寺《こうしょうじ》は、ＪＲ両毛線岩舟駅より二百メートル

山全体が船の形をしているところから「岩船山」といわれる。本堂は船の舳先にある

の参道入口から六百五十段ほど石段を上る。ゆっくり歩いて三十分ほどの行程だ。

石段および境内の灯籠や石仏、そして建物の礎石にも岩舟石が使われ、特産地ならではの味わいがある。

本尊は〝生身の地蔵〟（生きている地蔵）と呼ばれる地蔵菩薩で、日本三大地蔵尊のひとつに数えられている。ふだんは秘仏になっており、春秋のお彼岸に開帳される。

ちなみに日本三大地蔵尊は諸説ある。岩船地蔵尊のほかは、猿羽根山《さばねやま》地蔵尊（山形県舟形町）、木之本《きのもと》地蔵尊（滋賀県木之本町）、八尾《やお》地蔵尊常光寺（大阪府八尾市）、壬生寺《みぶでら》地蔵尊（京都市）、矢田寺《やたでら》地蔵尊　金剛《こんごう》山寺《せんじ》（奈良市）、立江寺《たつえじ》地蔵尊（徳島県小松島市）などが数えられる。

高勝寺の生身の地蔵の信仰の始まりは奈良時代にさかのぼる。

七七〇年、伯耆国《ほうきのくに》（現在の鳥取県）の大山《だいせん》に住んでいた明願《みょうがん》という僧が、夢の中に「生身の地蔵を拝みたければ、下野国《しもつけのくに》の岩船山に登れ」というお告げを得て、はるばるやってきた。しかし、明願は宿に困り、ようやく宿を貸してくれたのが山腹の草庵に住む伊賀坊という男だった。伊賀坊によると、生身の地蔵は毎月十八日と二十四日に山頂から拝むことができるという。伊賀坊は不思議な男だった。何人にも分身して、村

岩肌の出た高い山には霊魂が集まるとして信仰されてきた

人を助けてよく働いていた。いよいよ明日だというので二人で登頂してみると、果たして大岩の上に黄金の光を放ったお地蔵さまが現れた。心願成就した明願は大山に帰国した。

明願は翌年また、伊賀坊の草庵を訪ねたが、そこには一体の地蔵尊があるだけだった。村人に聞いても伊賀坊など知らないという。

じつは、伊賀坊は生身のお地蔵さまだったのである。そこで明願は、その地蔵尊を本尊としてお堂を建て、この地で人々の救済に尽くした。光を放ったお地蔵さま出現の地は、現在の奥の院の舟形の岩だといわれている。参道の石段の途中にある地蔵堂は、明願と伊賀坊が縁を結んだ草庵のあった場所であり、坂中地蔵が安置されている。本堂のお地蔵さまだけでなく、こちらもぜひお参りしたい。

お地蔵さまはこの世にいて、人々を導き救済してくれる仏さまであるといわれるが、高勝寺の生身の地蔵は、まさにそうだ。

江戸時代前期、徳川四代将軍家綱《いえつな》は岩船地蔵尊の申し子といわれ、「子授け地蔵」として関東一円に広まった。

現在はお参りする地方の人によって願目が違い、地元である栃木・佐野地方では「先祖供養」、筑波地方では「ぽっくり往生」、群馬・埼玉・東京・神奈川では「安産・子育て」にご利益がある地蔵さまとして崇《あが》められている。

　三重塔、仁王門、鐘楼堂のほか、賽《さい》の河原や血の池などの見どころも多く、時間をかけてゆっくりとめぐりたい。

　延命長寿・安楽往生のお参りで訪れた参詣者がよく求めるのは、「ぽっくり御守」（48頁）という黄金のお地蔵さまのお守りだ。**お守りを常に身に着けて、安心して明るく暮らしたい。**

〔周辺散策〕
　高勝寺から5キロほど北西には、北関東で最初の**ぼけ封じ観音霊場**として知られる**成就《じょうじゅ》院《いん》**（真言宗豊山派）がある。東国花の寺百ヶ寺にも名を連ね、境内にはしだれ桜、ぼけなど四季折々の花が咲き見事だ。毎年４月の第一日曜にぼけ封じ観音大祭が行なわれている。

江戸時代中期に建てられた三重塔

県内随一の大きさを誇る仁王門

岩船地蔵尊がまつられている本堂

岩船山 高勝寺

宗派：天台宗
所在地：栃木県下都賀郡岩舟町静３
電話番号：0282-55-2014
拝観時間：境内拝観自由
交通：JR両毛線岩舟駅下車、参道入口まで徒歩２分

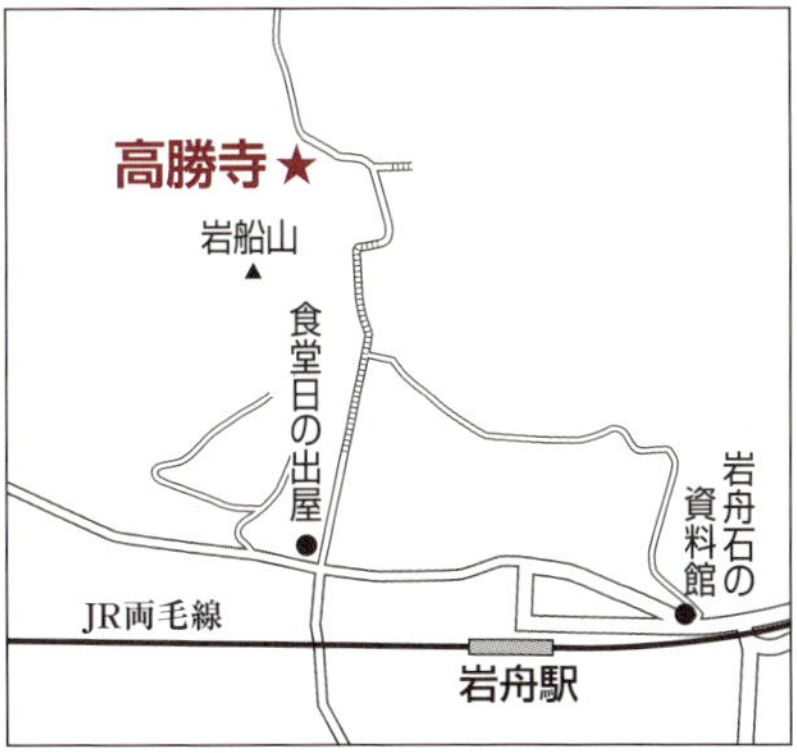

新しく建てられた延命ぴんころ地蔵さんは穏やかなお顔をしている

水戸の二十三夜尊　桂岸寺《けいがんじ》

身代わりになってくれる〝延命ぴんころ地蔵〟

お地蔵さま

茨城県水戸市

大悲山《だいひざん》保和院《ほわいん》桂岸寺《けいがんじ》は水戸藩と深い関わりを持つお寺だ。一六八二（天和《てんな》二）年に水戸藩附家老《つけがろう》中山信正の供養のため建立された。お寺の院号「保和院」は水戸光圀《みとみつくに》（水戸黄門）が命名。

本尊の大勢至菩薩《だいせいしぼさつ》は南北朝時代の常陸国《ひたちのくに》守護佐竹貞義《さたけさだよし》の念持仏で秘仏となっており、これまで一度も開帳されたことはない。大勢至菩薩の縁日が二十三日であることから「二十三夜尊」（お三夜《さんや》さん）と呼ばれ、現在も旧暦で正月・五月・九月・十一月の大縁日には護摩《ごま》が焚《た》かれる。

延命ぴんころ地蔵さんは、縁結びの愛染堂《あいぜんどう》の横におまつりされており、平成七年の建立。

もともとの信仰は隣に立つ、江戸時代中期一七五〇年ころに建立された延命地蔵尊だ。水戸藩の藩医の遺言により、人々が天命をまっとうし、コロリと最期を迎えられることを願って建てられたと伝えられる。このお地蔵さまは残念ながら、このたびの東日本大震災で倒壊してしまい、修復に向けて準備が進められている。

お地蔵さまに直接触れてお願いをしたいという願いと、露店が出てにぎわったお三夜さんの縁日を懐かしむ声から、近隣の有志が「ぴんころ地蔵会」を立ち上げて新暦の毎月二十三日を延命ぴんころ地蔵さんの縁日とした。

延命ぴんころ地蔵さんをお参りするときは、**自分の身体の悪いところがあれば、お地蔵さまに身代わりになっていただくようにその部分に触れ、洗い流すとよい**という。

毎月二十三日には、大越恒範住職による辻説法が行なわれ、商店会の露店も出て地元名産品の販売もある。笠間焼のかわいいぴんころ地蔵人形、延命地蔵尊のお守りは、いつでも寺務所で求められる（48頁）。

〔周辺散策〕

裏手にある**保和苑**《ほわえん》は、桂岸寺の境内地だったが、現在は水戸市が管理している。とくに三十数種6000本もの紫陽花《あじさい》が咲き競う6月から7月にかけて開催される「あじさいまつり」と、10月から11月にかけての「菊まつり」が全国的に有名だ。

また、桂岸寺に隣接する**常磐**《ときわ》**共有墓地**には、TVドラマ水戸黄門に登場する「格さん」のモデル安積澹泊《あさかたんぱく》をはじめとする彰考館《しょうこうかん》の学者たち、水戸学の中心をなした藤田幽谷《ふじたゆうこく》・東湖《とうこ》父子、豊田天功《とよだてんこう》らのお墓がある。

本堂前には黄門さま御一行がいらっしゃる

桂岸寺

宗派：真言宗豊山派
所在地：茨城県水戸市松本町13－19
電話番号：029-221-4948
拝観時間：9時～17時
交通：JR・鹿島臨海鉄道水戸駅よりバス末広町3丁目下車、徒歩3分（車で10分）

ポックリ不動尊。行基の高弟が世の中の平和を願ってまつったもの

平将門《たいらのまさかど》ゆかりの不動明王　慈光寺《じこうじ》

速やかに諸願が成就する〝ポックリ不動尊〟

お不動さま

茨城県坂東市

関東・甲信越

明王山《みょうおうざん》　慈光寺《じこうじ》は奈良時代の創建。平安時代になって平将門《たいらのまさかど》が石井《いわい》（坂東市岩井）に営所を構えた際に慈光寺の不動明王を鬼門除けの本尊として篤《あつ》く信仰したと伝えられている。現在の本尊は阿弥陀如来。

戦国時代にほとんどのお堂を焼失し、この不動さまと阿弥陀堂だけが奇跡的に焼け残り、お不動さまを阿弥陀堂に仮安置した。

それ以来、このお不動さまにお参りすれば、阿弥陀さまに伝わり、とくに亡くなるときに何の心配や苦労もなく、枯れ木が枯れるようにポックリと人生を終えることができるとして「ポックリ不動尊」と呼ばれて、近隣の人々の信仰を集めるようになった。それが関東一円に広まったという。

不動明王像は秘仏となっており、二十四年に一度の

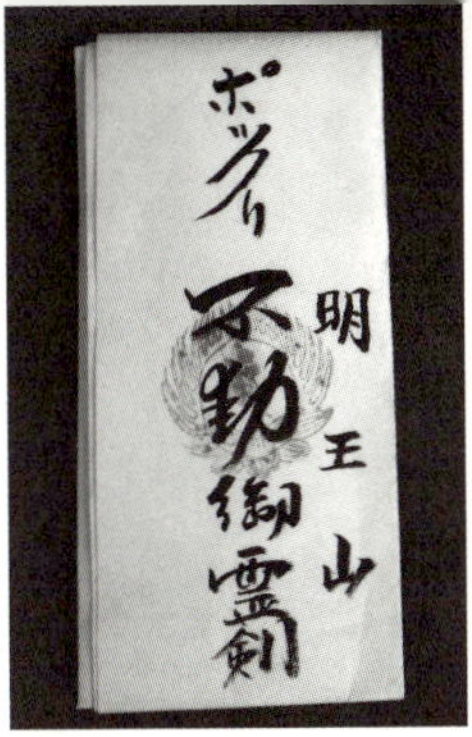

ポックリ不動御霊剣
1000円

酉《とり》年に開帳される。次の開帳は二〇一七年になる。

いまは、速やかに運を開き、何事もポックリと心願成就するありがたいお不動さまとして、正月・六月・十月の二十八日の大縁日に不動堂で護摩《ごま》が焚《た》かれる。そのときには多くの信者が集まり、護摩壇のまわりで百万遍大念珠繰《く》りが行なわれる。

参詣者には、心願成就のお札とポックリ不動尊のお姿のセット（48頁）がよく求められるそうだ。**お姿は、半紙に包んで布団の下に敷いて寝るとポックリ往生がかなう**という。また、霊験あらたかな**「ポックリ不動御霊剣」もある。こちらは、心願が成就したときにお礼参りをして返納する**のがしきたりになっている。

◆北関東三十六不動尊霊場　第三十五番札所

〔周辺散策〕

慈光寺から2キロほど南に**国王神社**がある。ここは平将門《たいらのまさかど》を祭神として死後33年目に建立された。三女の如蔵《にょぞう》尼《に》が刻んだ将門座像が安置されている。このあたりには将門が関東一円を制覇したときに本拠とした石井《いわい》営所跡（石碑が残る）など、さまざまな史跡が残されている。

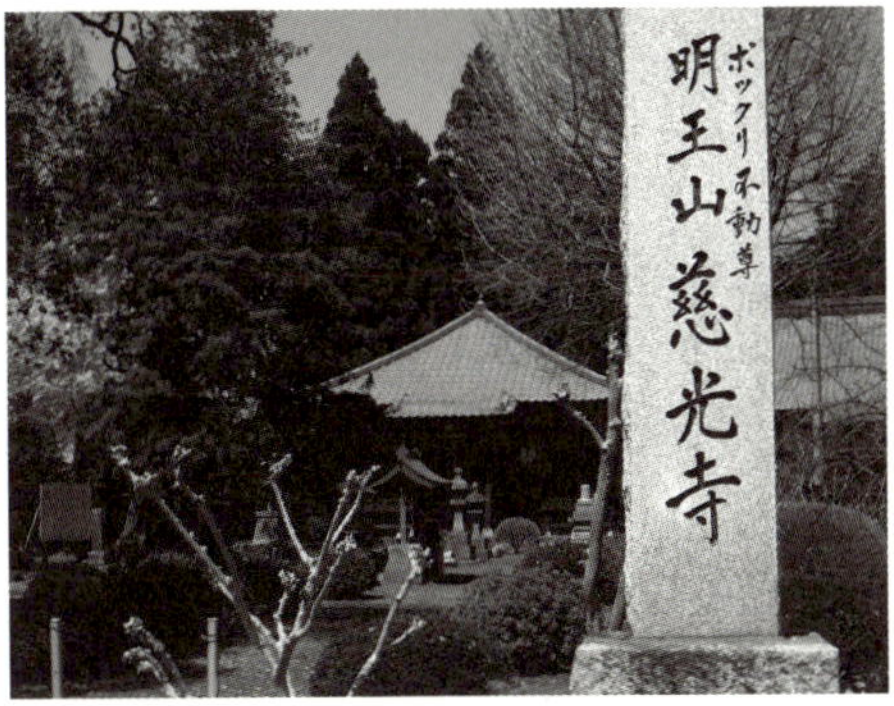

「弓田のポックリ不動尊」で知られている

慈光寺

宗派：天台宗
所在地：茨城県坂東市弓田388
電話番号：0297-35-1508
拝観時間：境内拝観自由
交通：関東鉄道常総線水海道駅より車で30分

泊崎大師堂（右）と硯水（下）

弘法大師千座護摩加持の地　泊崎《はっさき》大師堂

牛久沼《うしくぬま》を見下ろす〝ポックリ大師〟

お大師さま

茨城県
つくば市

牛久沼《うしくぬま》の西側、泊崎《はっさき》という岬の突端にある泊崎大師堂は、平安時代大同《だいどう》年間（八〇六〜八一〇年）に弘法大師空海《くうかい》がこの地を訪れ、千座護摩《ごま》加持《かじ》を努めたところに建てられたお堂と伝わる。こじんまりとした朱塗りのお堂は、参詣者の心をほっとさせてくれる雰囲気がある。高台にあり、お堂の裏手からの牛久沼の眺望は茨城百景にも選ばれている。

このお大師さまは、昔から縁結びと長寿のご利益があるとされていたが、近年は、**長患いせずに人生の最期を迎えられる**〝ポックリ大師〟として人気があり、参詣者が増えている。

全国に弘法大師伝説が残るが、ここ泊崎にも弘法大師の七不思議がある。そのひとつ、硯水《すずりみず》は大師堂から北へ五百メートルほどのところにある。大師がそこの湧水を使って墨をすったと伝えられ、この水を使って習字を練習すると、日本三筆として名高い大師のように字がうまくなるといわれている。

大師堂の隣には「岬食堂」という昔ながらの食堂があり、牛久沼名物の鰻《うなぎ》料理が良心的な価格でいただける。

泊崎大師堂

所在地：茨城県つくば市泊崎
電話番号：029-883-1111
（つくば市文化財室）
拝観時間：拝観自由
交通：JR常磐線藤代駅より車で30分

ぽっくり観音さまのお札　200円

国神の大イチョウのお膝元　長言寺《ちょうごんじ》

ぽっくり大往生疑いなし

観音さま

埼玉県
皆野町

皆野町《みなのちょう》には県指定天然記念物「国神の大イチョウ」がある。樹齢七百年以上と推定される巨木で、秩父神社を開いた知知父彦命《ちちぶひこのみこと》の墓所のほとりに植えられた木だと伝えられる。十一月中旬から十二月上旬の紅葉は見事だ。

そのすぐそばのお寺の境内に、ぽっくり観音さまがまつられている。真言宗智山派の日沢山《にったくさん》　長言寺《ちょうごんじ》で、ふだんは無住職となっている。

ぽっくり観音さまは高さ三メートルほどの石像で、やさしい慈悲の微笑みをたたえている。観音菩薩像のなかでは最もオーソドックスな姿の聖観音《しょうかんのん》だ。

本堂前の箱に「ぽっくり観音お札　一枚二百円　代金はぽっくり観音のお賽銭《さいせん》箱へ入れてください」とあるので、**お札を一枚いただき、浄財を賽銭箱に入れて手を合わせよう**。お札とともに置かれている文書に「この観音さまは、私たちをよく観《み》ておられます」とあり、開運・福徳を増して長寿を得、さまざまな願い事をかなえてくれる、ありがたい観音さまであるという。

長言寺

宗派：真言宗智山派
所在地：埼玉県秩父郡皆野町国神560
電話番号：0494-62-2478（久保高志氏宅）
拝観時間：境内拝観自由
交通：秩父鉄道皆野駅よりバス国神局前下車、徒歩10分（車で7分）

関東・甲信越

ぼけ封じ観世音菩薩と十三仏。このなかの８つが守り本尊に重なる

「延命」「ぼけ封じ」「ぽっくり往生」何でもござれ！ 常満寺《じょうまんじ》

日本で唯一のお年寄りのための三大祈願寺

観音さま

埼玉県日高市

関東・甲信越

門前の大看板に「日本で唯一の 延命・ぼけ封じ・ぽっくり往生 祈願専門之寺 ぽっくり寺 五百羅漢寺 往生宗 常満寺」と書かれている。日本で唯一とは、石屋山《せきおくざん》 常満寺《じょうまんじ》では「延命」「ぼけ封じ」「ぽっくり往生」など、お年寄りの願いをすべてかなえていただけるからだ。

開山は平成三年と歴史は浅いが、佐賀県唐津《からつ》市呼子町《よぶこちょう》の鯨《くじら》供養のお寺として知られる石上山《せきがみざん》 龍昌院《りゅうしょういん》の別院で、先代住職がぽっくり寺として開いたお寺だ。ぽっくりとは「保久利」と書き、永久にご利益を保つお寺という意味だそうだ。

本尊は本堂内にまつられている薬師如来だが、参詣者の多くは本堂前のぼけ封じ観世音菩薩（千手観音菩薩）へのお参りがメインになっている。マスコミで取り上げられることも多く、地元だけでなく近県からの参詣者も多い。

お参りの仕方は、寺務所で「流し札」（49頁）という水に溶

〔周辺散策〕

常満寺をお参りしたら、少し寄り道になるが高麗川《こまがわ》沿いの**巾着《きんちゃく》田《だ》**をぜひ訪れたい。

高麗川の蛇行によってできた巾着の形の平地に四季の花が咲き乱れる。春は桜と菜の花、夏は紫陽花《あじさい》と蓮《はす》、そして最も有名なのは秋の曼珠沙華《まんじゅしゃげ》だ。日本一の群生地でとして知られ、9月の中旬から下旬に見頃となり、曼珠沙華の深紅のじゅうたんが広がる。

武蔵高萩駅から二駅目の東飯能《ひがしはんのう》駅で西武池袋線に乗り換えて高麗《こま》駅下車、徒歩15分。

ける祈願札をいただいて、その裏に願い事を書き、「観音さまと始終ご縁をいただく」ことを願って、**流し札の上に四十五円以上の浄財を載せて観音さまの前の水鉢に入れて手を合わせる**。すぐに沈めば、すぐに願いがかなうといわれている。

ぼけ封じ観音さまの脇には初七日から三十三回忌までの追善法要をつかさどる十三仏（158頁）が並んでいる。これらの仏さまは守り本尊でもある。守り本尊は生まれ年の干支《えと》により決まっており、子《ね》年生まれは千手観音菩薩、丑《うし》・寅《とら》年生まれは虚空蔵菩《こくうぞうぼ》薩《さつ》などとなっている。カード型守り本尊（49頁）を求める参詣者も多い。

また、ありとあらゆる心願成就の祈願法要を受け付けており、祈願していただければ「祈願之証」を授けていただける（要予約）。

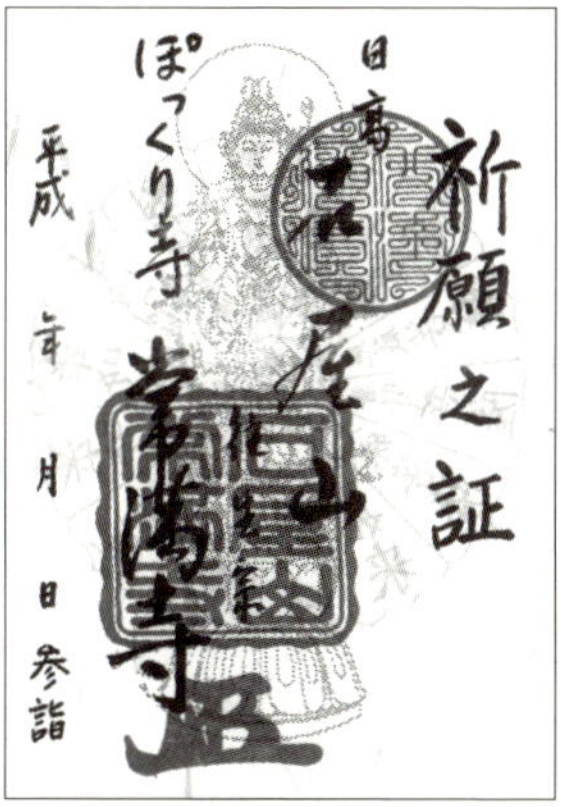

祈願之証　祈願料5000円

常満寺

宗派：禅宗系単立
所在地：埼玉県日高市高萩2087
電話番号：042-985-5542
拝観時間：境内拝観自由
交通：JR川越線武蔵高萩駅よりバスひだか団地下車、徒歩８分（車で７分）

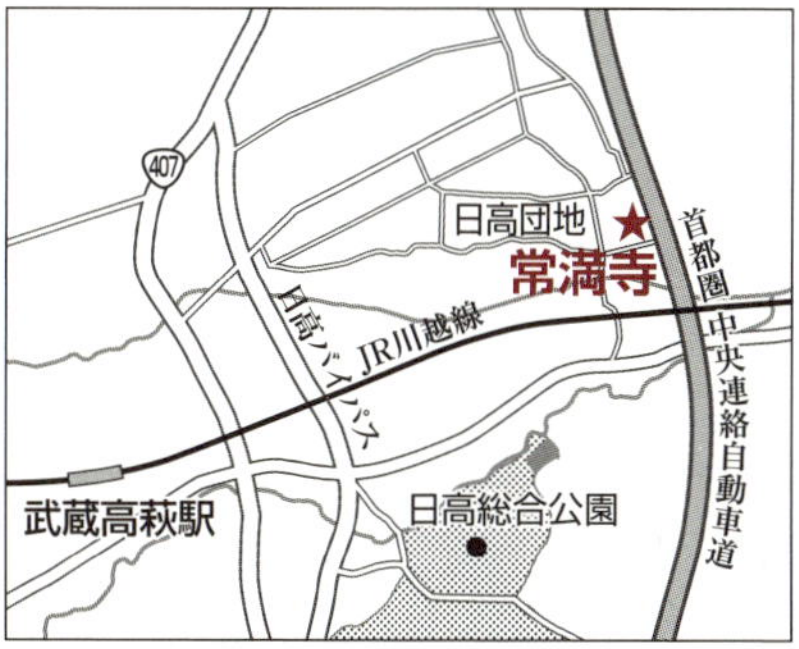

関東・甲信越

西武ドームを見守る　山口観音　金乗院《こんじょういん》

弘法大師を見送った〝引導《いんどう》ぽっくり地蔵〟

お地蔵さま

埼玉県所沢市

関東・甲信越

高野山から勧請した〝引導ぽっくり地蔵〟

ぽっくり地蔵をまつる地蔵堂

埼玉西武ライオンズの本拠地、西武ドーム。

そのすぐそばにあるのが吾庵山《ごあんざん》 金乗院《こんじょういん》 放光寺《ほうこうじ》だ。一般的には「山口観音」「金乗院」の名で通っている。

本尊の千手観音は、奈良時代の名僧 行基《ぎょうき》の作と伝えられ、三十三年に一度開帳される秘仏だ。その代わり、本堂の裏に安置された裏観音はいつでも拝観できる。

平安時代弘仁《こうにん》年間（八一〇～八二四年）、東国巡行をしていた弘法大師空海《くうかい》が、この地の山の中にあった祠《ほこら》から千手観音像を見つけたことがお寺の始まり。

大師は、この祠に宿をとり、当時このあたりで流行していた悪病の平癒を祈って千座護摩《ごま》加持《かじ》をした。そのときに閼伽水《あかみず》（仏前に供養する水）として使った湧き水を、病に苦しむ住民が飲んだところ、たちまち病が治ったという。

この湧き水はいまも本堂の裏手にあり、霊験あらたかな弘法大師加持水として知られる。境内の水はすべてその湧き水が引かれている。山門をくぐってすぐ左手に手水舎があるので、その水で手と口を浄《きよ》めてから参拝しよう。

目当てのぽっくり地蔵は、本堂に向かって左手の地蔵堂に安置さ

〔周辺散策〕

西武球場前駅から山口観音へ向かう参道の右手に**狭山不動尊**（天台宗）がある。昭和50年に西武鉄道グループが建立したお寺で、西武ライオンズが毎年必勝祈願することで知られる。

千手観音をまつる本堂

「吾庵山」の山号を掲げる山門

れている。江戸時代中期、金乗院の住職が高野山に遊学したときに勧請《かんじょう》したものだという。

弘法大師が入定《にゅうじょう》（死去）されたとき、このお地蔵さまが振り返って見送られたという伝説から「引導《いんどう》地蔵」と呼ばれ、少し右を振り返った姿をしている。**お参りする人は長患いをすることなく、お地蔵さまによって極楽浄土へ見送られる**といわれている。

ほかにも見どころの多いお寺だ。

願いごとを念じながら回していく一〇八個のプレイングベル（祈願用の鐘。チベット寺院では「マニ車」と呼ばれる）が本堂をぐるりと囲み、境内の至るところに龍がいてエキゾチックだ。

本堂の入口には、自分の身体の悪いところと同じところを交互になでると良くなるといわれる「おびんづるさま」、裏手にはたくさんの水子地蔵が鎮座している。

ぽっくり地蔵と並んで布袋さまのお堂、八角形の五重塔もあり、その地下の仏国窟には西国三十三霊場の観音像と四国八十八ヶ所の弘法大師像がまつられている。

観音茶屋では、あま酒や所沢名物の焼だんごが味わえる。

◆狭山三十三観音霊場　第一番札所
◆武蔵野三十三観音霊場　第十三番札所
◆武蔵野七福神霊場　布袋尊
◆奥多摩新四国霊場　第五十二番札所

山口観音 金乗院

宗派：真言宗豊山派
所在地：埼玉県所沢市上山口2203
電話番号：04-2922-4258
拝観時間：境内拝観自由
交通：西武狭山線西武球場前駅下車、徒歩5分

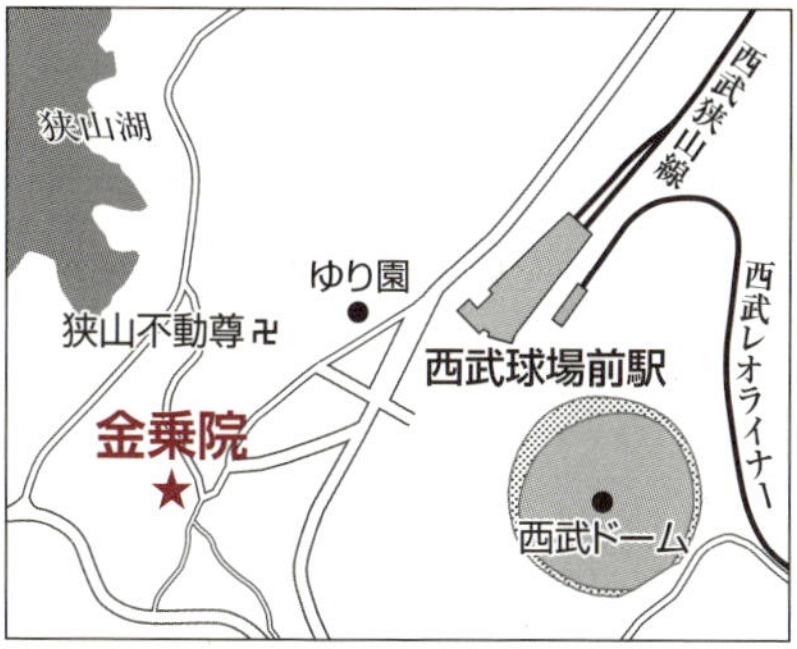

〔周辺散策〕
西武球場前駅前にある**ゆり園**は、3万平方メートルの広大な自然林に50種類、45万株のユリの花が咲き誇る。例年6月から7月にかけて開園している。

朱塗りの八角五重塔は平成11年落慶

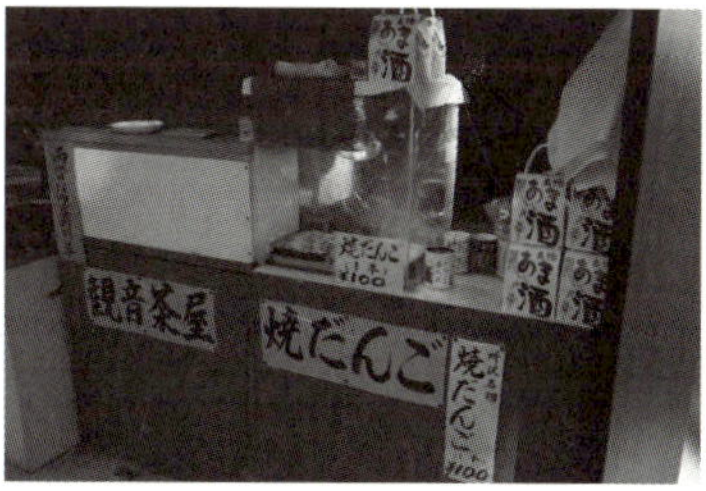

山門をくぐると観音茶屋がある

ぽっくり薬師さまと縁を結び、一病息災と福寿長命を祈る

妖怪入山禁止のお寺!? 西光院《さいこういん》

〝ぽっくり薬師〟の薬指とつなぎ、縁結び

お薬師さま

埼玉県川口市

東川口駅南口から県道381号線を南へ十分ほど歩くと、右手の崖の上に西光院《さいこういん》が見えてくる。急階段を上りきった右手に二つの門がある。一つは駐車場の入口だが、ここに「狐狸妖怪不許入山門」と彫られた石柱があり、山内に入れない（？）狐、狸、妖怪の石像が並ぶ。なかなかユニークなお寺だ。

西光院の正式名称は「青龍山《せいりゅうざん》 西光院《さいこういん》 伝福寺《でんぷくじ》」。慈覚大師円仁《えんにん》の作とも仏師運慶《うんけい》の作とも伝わる不動明王を本尊として、戦国時代天正《てんしょう》年間（一五七三〜一五九二年）に開かれた由緒あるお寺だ。本尊はふだんは秘仏として公開されていないが、不動明王の守り年である酉年《とり》に開帳される。

ぽっくり薬師さまは境内の東南角、瑠璃《るり》堂の裏手に安置されている。光背に七体の小さな仏さまが彫られた七仏薬師如来像で、左手には薬壺を持っている。右手は三界印《さんがいいん》といって人差し指と親指ではじくように輪をつくり、他の三本の指は立てている。

このぽっくり薬師さまと縁を結ぶには、**薬壺お守り（49頁）を授かり、一緒にいただく紙に縁を結ぶ人の名前を書いて、ぽっくり薬師さまの右手薬指とつながっている縁結び所に結ぶ。**さらに縁を深めるには、その薬壺お守りに縁を結ぶ人の思い出の年（お参りした年、生まれた年など）の五円玉を結びつけて持っているとよいそうだ。

また境内には、お釈迦さまの「誕生」「出城」「苦行《くぎょう》」「降魔《ごうま》」「説法」「涅槃《ねはん》」と生涯をかたどった像が点在している。それぞれの像をゆっくりとめぐれば、悟りの境地に少しだけ近づける気がする。

瑠璃堂の薬師如来と武州川口七福神の弁財天は、お正月に開帳される。

◆武州川口七福神霊場　弁財天

〔周辺散策〕

西光院から南へ10分ほど歩けば、**ぼけ封じ関東三十三観音霊場**第17番札所の**東福寺**《とうふくじ》があり、そこからさらに15分ほど南下すれば**西福寺**《さいふくじ》がある（ともに真言宗豊山派）。

西福寺の観音堂には、西国三十三、板東三十三、秩父三十四の百観音霊場の観音像が安置され、ここをお参りすればそのすべてをお参りしただけの功徳があるといわれている。また、三代将軍家光公の長女千代姫が奉建した三重塔は高さ23メートル、県下で最も高い木造建築。

狐狸妖怪の目が不気味に光る

西光院

宗派：真言宗豊山派
所在地：埼玉県川口市戸塚２丁目６－29
電話番号：048-295-1034
拝観時間：７時～17時
交通：JR武蔵野線・埼玉高速鉄道東川口駅下車、徒歩10分

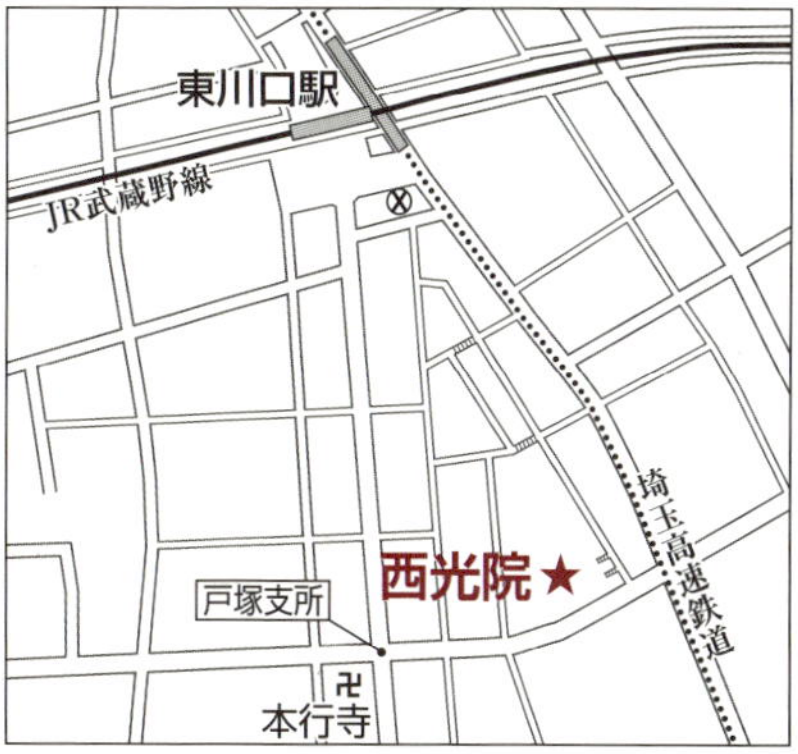

川の向こうに極楽が…

龍泉寺《りゅうせんじ》

下《しも》の世話にならない〝水崎聖観音《みずさきしょうかんのん》〟

東京都八王子市

関東・甲信越

水崎聖観音さま。春秋のお彼岸の期間のみ厨子が開かれる

ＪＲ西八王子駅北口から駅前通りを道なりに十分ほど歩いていくと、浅川の支流の南浅川にぶつかる。歩行者専用のさつき橋を渡れば、極楽浄土の世界はすぐそこだ。

桃源山《とうげんざん》 龍泉寺《りゅうせんじ》。戦国時代一五五八（永禄《えいろく》元）年開山の浄土宗のお寺だ。「桃源山」という山号は、中国の伝説の地である桃源郷＝理想郷に由来している。俗世間から離れた別世界というわけだ。

本尊の阿弥陀如来にもまして有名なのが、本尊の脇にまつられている観音さま。通称「水崎聖観音《みずさきしょうかんのん》」として多くのお年寄りに親しまれている。水崎とは、この地域の昔の呼び名。このあたりは多摩丘陵の先端にあたり、雨が降ると水が噴き出すように流れ出たことに由来している。

この観音さまは〝ぽっくり観音〟として古くから知られており、お参りすると、下《しも》の世話にならず、寝込むことなく寿命の尽きるまで元気に暮らすことができると伝えられている。

水崎聖観音はふだんは秘仏となっているが、春秋のお彼岸には開帳される。そのときは本堂でお茶や茶菓子の接待があり、地元だけではなく関東近県からの参詣者でにぎわう。お彼岸のたびに訪れて**古いお札やお守りをお寺に納めて新しいものをいただく**人も多く、参詣者同士がお互いの無事を喜びあう姿も見られる。

「極楽へ　渡る川瀬の　水崎や　思わで頼め　十声一声《とこえひとこえ》」

これは、八王子三十三観音霊場第十三番札所・龍泉寺の御詠歌《ごえいか》だ。龍泉寺を極楽浄土に、その前の浅川を三途《さんず》の川に見立て、第十二番札所の東福寺（八王子市小宮町）から歩いてきて浅川までたどり着いたとき、そこで念仏を十遍、いや一遍でもとなえれば極楽往生の願いがかなうというものだ。

〔周辺散策〕

龍泉寺から南浅川沿いを西へ30分ほど歩けば**武蔵陵墓地**（皇室の墓地）がある。

昭和2（1927）年に大正天皇陵として多摩御陵が建立され、その後、貞明《ていめい》皇后の多摩東御陵、昭和天皇の武蔵野御陵、香淳《こうじゅん》皇后の武蔵野東御陵が造立された。5月の新緑や11月の紅葉の季節は見事。

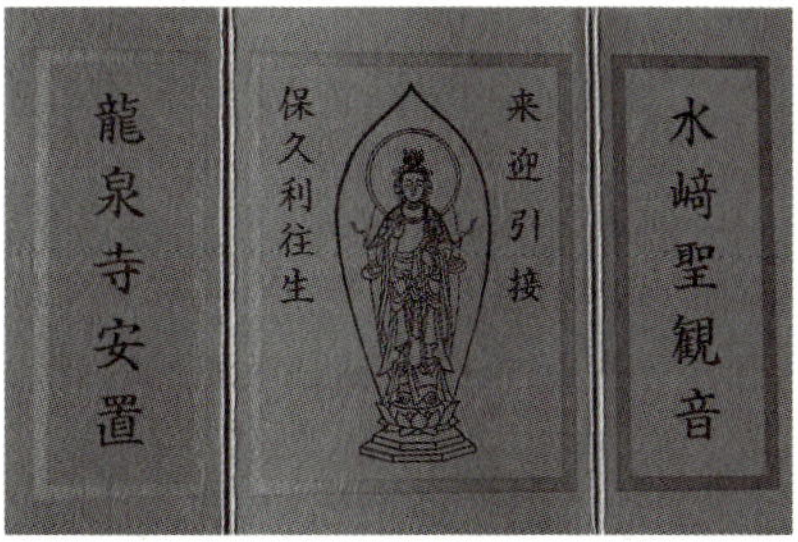

三つ折りになった水崎聖観音さまのお守り200円

◆八王子三十三観音霊場　第十三番札所

龍泉寺

宗派：浄土宗
所在地：東京都八王子市長房町16
電話番号：042-664-0865
拝観時間：境内拝観自由
交通：JR中央線西八王子駅下車、徒歩10分

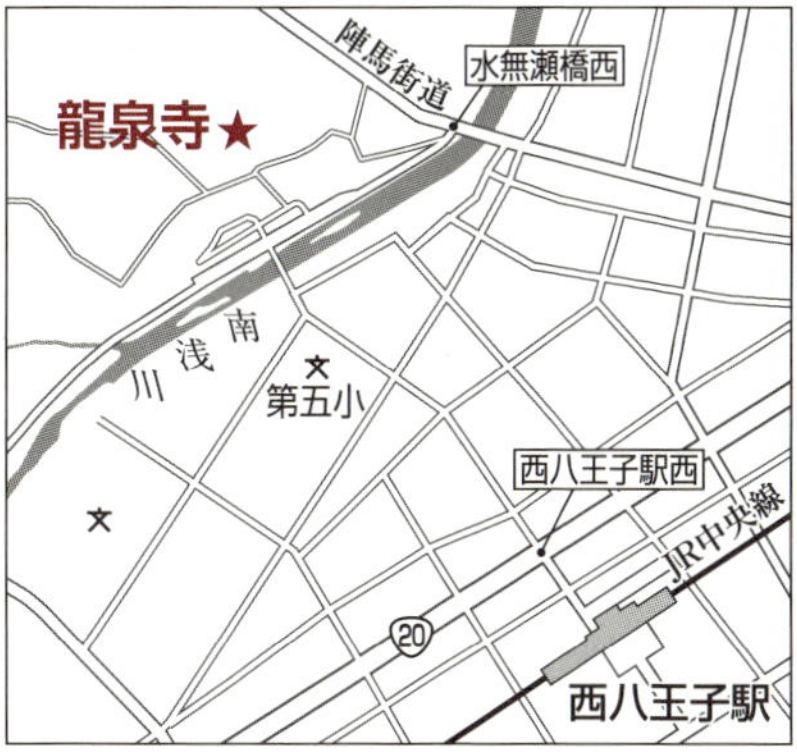

本尊の釈迦涅槃像。涅槃会の２月15日には長寿のお菓子が配られる

石仏群に圧倒される

安養院《あんよういん》

〝寝釈迦〟と〝烏瑟沙摩明王《うすさまみょうおう》〟そろい踏み

お釈迦さま

東京都品川区

平安時代に天台宗三祖の慈覚大師円仁《えんにん》が開いたと伝わる古刹、臥《が》龍山《りゅうざん》安養院《あんよういん》能仁寺《のうにんじ》は、〝寝釈迦〟のお寺として知られている。

寝釈迦というのは、お釈迦さまが亡くなる（入滅する）ときに横になった姿をかたどった涅槃像《ねはんぞう》のこと。釈迦如来像を本尊とするお寺は多いが、涅槃像を本尊としているのは珍しい。

この寝釈迦像は、江戸時代初期の同山中興の祖長音《ちょうおん》師による金《こん》色《じき》の八尺（約二・四メートル）に及ぶ大作で、彫られた当初から長寿とぽっくり信仰で多くの参詣者でにぎわっていた。江戸時代には芸州浅野家（忠臣蔵の赤穂《あこう》浅野家の本家）の庇護《ひご》を受けて発展した。

烏瑟沙摩明王《うすさまみょうおう》は観音堂に安置されている。

この仏さまは不浄を除くという霊験があり、とくに便所にまつられることが多い。そのことから**烏瑟沙摩明王と縁を結ぶと下《しも》の世話にならない**という信仰が生まれた。

安養院では毎月二十八日が烏瑟沙摩明王の縁日で、その日は開帳

烏瑟沙摩明王が斗帳の向こうに

〔周辺散策〕

安養院のすぐそばには**目黒不動尊**がある。木原不動尊（熊本県）、成田不動尊（千葉県）とともに日本三大不動のひとつである。

寺名は龍泉寺《りゅうせんじ》。毎月28日がお不動さまの大縁日だ。安養院の烏瑟沙摩明王の縁日と一緒にお参りすることができる。

される。お参りの仕方は、**仏前の菊の花束から一輪だけを取り、自分の名前を書いた短冊を菊の花に結わえてお供えする。祈祷されたお札（49頁）も求められ、それはトイレに貼ったり、肌着を入れているタンスの引き出しに入れておく**とよい。

安養院では、烏瑟沙摩明王の縁日をはじめ、大きな行事のあるときには参詣者にお茶やお菓子などがふるまわれる。そのアットホームな雰囲気が近隣の人々から親しまれる理由のひとつだろう。また、安養院の境内にはそこかしこに二百体を超える石仏が安置されており、それを見て歩くだけでも楽しい。

＊本尊修復および本堂改修中につき、二〇一二年（詳細未定）まで本尊はお参りできない。境内、烏瑟沙摩明王はお参り可能。

空襲をまぬがれた江戸時代の山門

安養院

宗派：天台宗
所在地：東京都品川区西五反田4丁目12－1
電話番号：03-3491-6869
拝観時間：境内拝観自由
交通：東急目黒線不動前駅下車、徒歩10分

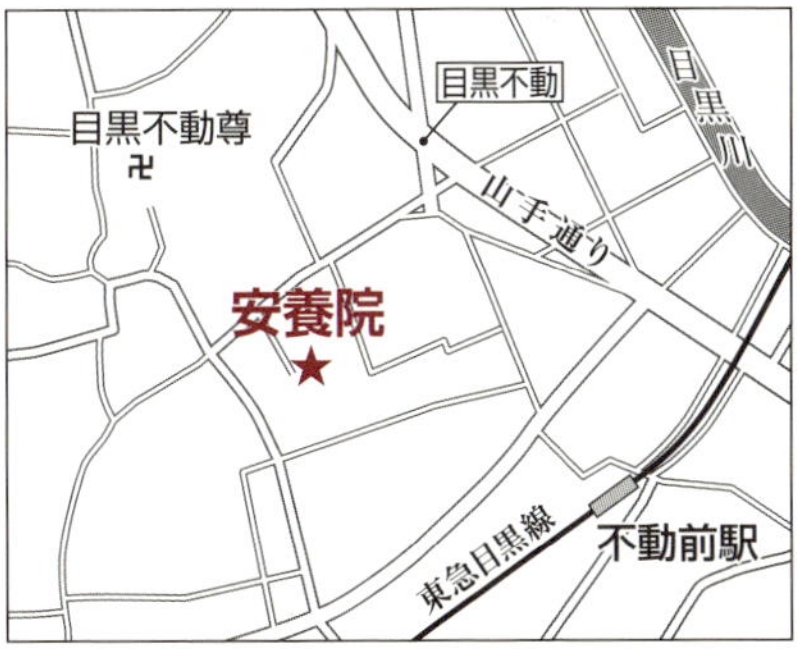

江戸時代から正安寺にまつられていたぽっくり閻魔さま

屋根の上の観音さまがシンボル

正安寺《しょうあんじ》

地獄の番人にすべておまかせ〝ぽっくり閻魔〟

閻魔さま

東京都足立区

信楽山《しんぎょうざん》 涅槃院《ねはんいん》 正安寺《しょうあんじ》は江戸時代前期一六一六（元和《げんな》二）年、東京浅草に開かれた。約三十年後に全長五メートルに及ぶ釈迦涅槃像（寝釈迦像）が建立され、大勢の参詣者が押し寄せたという。釈迦涅槃像は安楽往生の仏さまとして人々の心の支えになっていた。いまでいうぽっくり信仰である。しかし関東大震災で釈迦涅槃像も焼失、お寺も現住所に移転した。それでも、像のお顔の部分だけは何とか持ち出されて現存している。

正安寺が近年、ぽっくり寺として再び知られるようになったのは、現在の田丸嶺信住職がお寺に古くからまつられていた閻魔大王像を修復し、境内入口付近に閻魔堂を建立し安置してからだ。お堂の脇には、「延命長寿・開運厄除　ぽっくり閻魔」と大書きされた幟《のぼり》が立っている。

閻魔大王は、死者が往《い》く世界を決める裁判官だ。だから生前から閻魔さまに一心に祈念することでお取りはからいいただき、安楽往生を願うのである。地獄の釜の蓋《ふた》が開いて鬼も休むという七月十六日の閻魔大王の斎日にお参りすれば、ぽっくり閻魔さまのお守り（49頁）がいただける。

「ウソをつくと閻魔さまに舌を抜かれる」といわれるように、閻魔さまは舌にまつわることから、ノドに関する病気平癒のご利益が有名だ。現住職も以前声帯を手術したときに、医師からは声を失う可能性があると宣告されたが、閻魔さまのおかげで無事だったという。

また、正安寺の客殿「与楽堂」の屋上には、重さ約一トンの〝おきあがり観音〟が安置されている。全国でも唯一と思われる琵琶《びわ》（楽器）を持った観音さまで、お寺のシンボルになっている。

閻魔堂は入口の右手にある

〔周辺散策〕

正安寺のある東伊興《ひがしいこう》四丁目一帯は13カ寺が密集し、「伊興寺町」と呼ばれる。正安寺の東にある**法受寺**《ほうじゅじ》（浄土宗）は、徳川五代将軍綱吉《つなよし》の生母桂昌院《けいしょういん》の菩提寺として知られている。境内には大きな布袋さまが安置されており、ニッコリ笑って迎えてくれる。

まず屋根の上の観音さまに驚く

正安寺

宗派：浄土宗
所在地：東京都足立区東伊興4丁目3—3
電話番号：03-3899-1331
拝観時間：境内拝観自由
交通：東武伊勢崎線竹ノ塚駅下車、徒歩15分

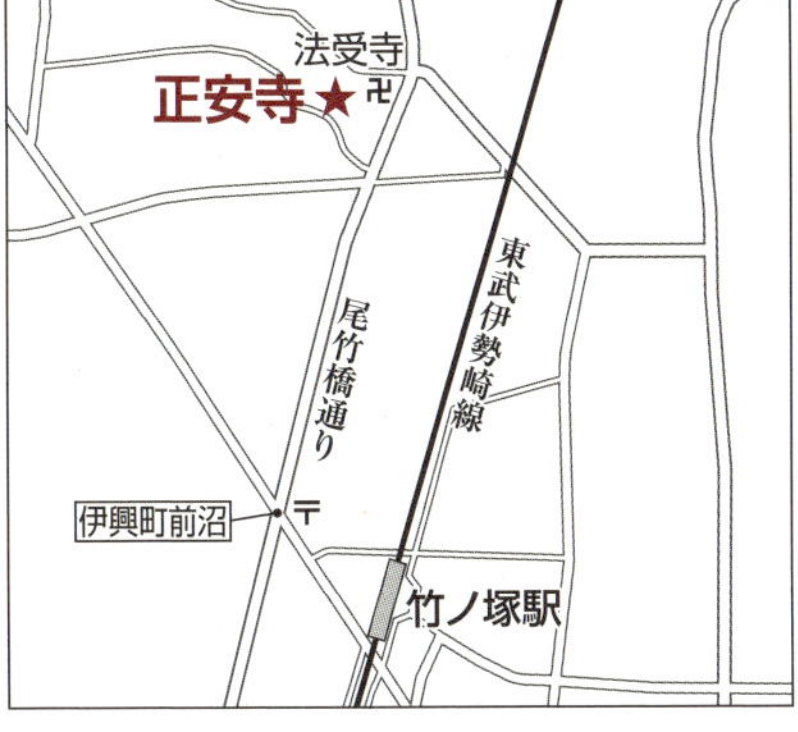

本堂に向かって右手に立つ〝水掛保久利大師〟

長津田領主の祈祷所　**福泉寺《ふくせんじ》**

足元に水をかけて願う〝水掛保久利大師《みずかけぽっくりだいし》〟

お大師さま

神奈川県横浜市

関東・甲信越

薬王山《やくおうざん》 医王院《いおういん》 福泉寺《ふくせんじ》は、徳川家康に仕えた長津田領主岡野家の祈願所として一六〇〇年ころに開創されたと伝わる真言宗のお寺だ。本尊の薬師如来は秘仏で、十二年に一度、寅《とら》年にだけ開帳される。ただし、本堂の半地下に入って戒壇めぐりができ、いつでもお薬師さまとご縁を持てる。真っ暗な通路をおそるおそる進んでいけば、本尊の真下あたりにお薬師さまの左手からつながる五色のお手綱が鉄の輪に結びついており、それを握って健康や厄除けをお願いすれば功徳をいただけるという。

福泉寺のポックリさんは、観音さまを左手に載せた弘法大師像だ。通称「水掛保久利大師《みずかけぽっくりだいし》」と呼ばれ、**お大師さまの足元には地下水が湧いていて、その水を柄杓《ひしゃく》にすくってお大師さまの足にかけてピンピンコロリの往生を祈念すればご利益がある。**

また、お大師さまをお参りする足元には四国八十八ヶ所霊場の砂が埋めてあり、お参りしながらお砂踏みができる。

寺務所ではさまざまなお守りやオリジナルグッズが販売されている（50頁）。なかでも祈願済みの**枕大師**を求める参詣者が多いそうだ。これを**枕の下に敷いて毎日寝ていれば、延命長寿のうえに寿命が来ればポックリ往生がかなう**といわれている。

本堂に向かって左手には、「ぼけ封じ富士見楽寿観音」がまつられている。観音さまの足元にすがる**おじいさんとおばあさんをなでながらお願いするとよい。**

また、境内には「イボ取り地蔵」という地蔵さまも安置されている。ここにお供えしてある小石をいただいて、イボや痛いところをその小石で毎日さするうちに、いつの間にかイボが取れ、痛いところが治るという。ご利益をいただいたら、お礼参りのときに新しい石を添えてお返しする。

五色のお手綱は本尊とつながっている

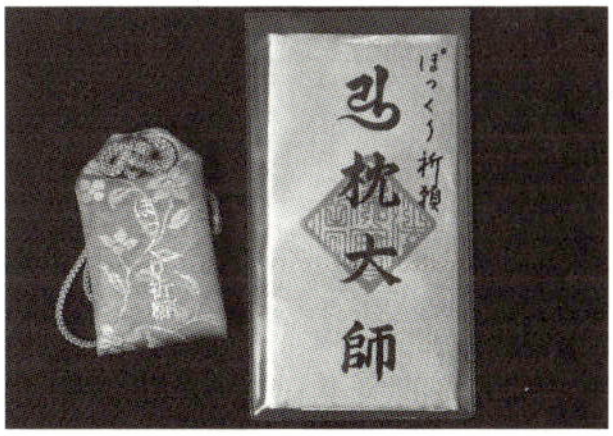

ぽっくり祈願のお守り（左）と
枕大師（右） 各500円

◆関東八十八ヵ所霊場　第六十五番札所
◆関東九十一薬師　第十七番札所
◆武相寅歳薬師　第二十三番札所

福泉寺

宗派：高野山真言宗
所在地：神奈川県横浜市緑区長津田町3113
電話番号：045-981-2635
拝観時間：境内拝観自由
交通：JR横浜線・東急田園都市線・横浜高速鉄道こどもの国線長津田駅よりバス王子神社下車（車で６分）

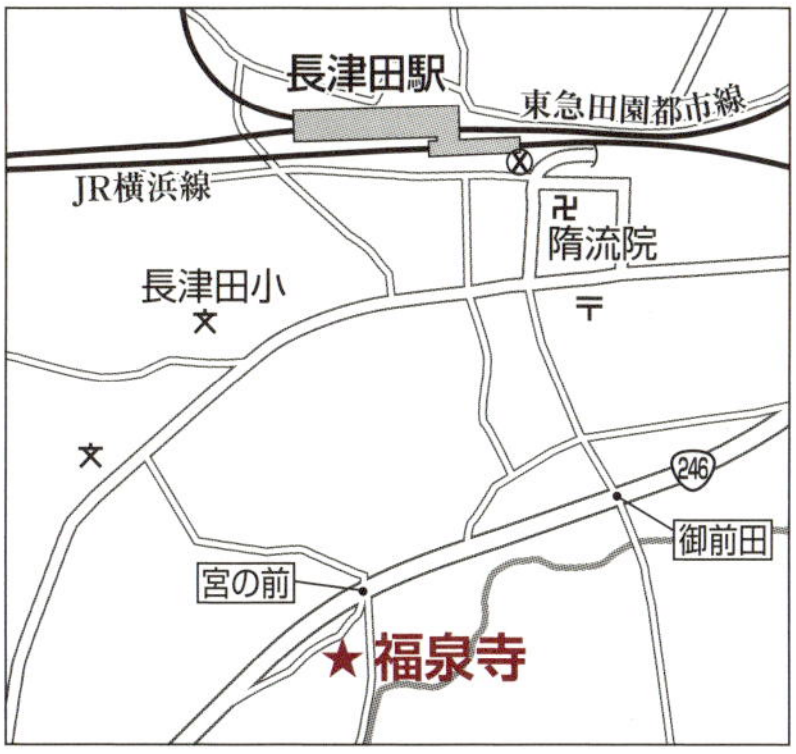

http://www.fukusenji.jp/

〔周辺散策〕
長津田駅前にある**隋《ずい》流院《りゅういん》**（曹洞宗）にもぜひ立ち寄りたい。ここは旧大山街道長津田宿の中心となっていたお寺だ。本尊の観音菩薩は何度も火災から逃れた仏さまで、「火ぶせ観音」ともいわれている。

おりょうさんが眠る　信楽寺《しんぎょうじ》

白寿のおばあさんにあやかる〝保久利《ぽっくり》地蔵〟

信楽寺の〝保久利地蔵〟は六道の苦しみを救ってくれる

お地蔵さま

神奈川県横須賀市

関東・甲信越

横須賀市大津町は、坂本龍馬《りょうま》の妻〝おりょうさんの街〟として街をあげて盛り上げている。というのは、おりょうさんは龍馬の没後に再婚してこの地に移り住み、一九〇六（明治三十九）年に亡くなるまでを過ごしたからだ。そして、ここ宮谷山《きゅうこくさん》至心院《ししんいん》信楽寺《しんぎょうじ》には、おりょうさんのお墓が残っている。毎年秋には墓前祭にあわせて「おりょうさんまつり」が開かれている。

信楽寺は室町時代後期一五〇四（永正《えいしょう》元年）開山の浄土宗のお寺だが、本尊の阿弥陀如来像は鎌倉時代の仏師運慶《うんけい》作と伝えられている。そして本堂内左奥には秘仏の延命地蔵菩薩がまつられており、十二年に一度、卯《うさぎ》年に開帳される。

信楽寺のぽっくりさんは、このお地蔵さまではなく、境内に入って右手の六地蔵尊だ。

このお地蔵さまは、三十年ほど前に檀家さんが家族の長寿ぽっくり往生をしのんで寄進したものだ。この檀家のおばあさんは、九十九歳の白寿を迎えるまで病気ひとつすることなく、最期まで野良仕事や縫い物に励む働き者だった。そして、とても信心深くいつも念仏をとなえ、まるでお地蔵さまのようだったという。そこで家族は、おばあさんの一周忌にあたって六地蔵を建立し、「保久利《ぽっくり》地蔵」としておまつりした。

「保久利」とは、「苦しみや悩みをかかえる私たちを救う」というお地蔵さまのご利益を永久に保ってくれるという意味であるが、いまではぽっくり往生のご利益もいただけるということで参詣者が訪れている。

また、本堂に入って左手には、龍馬とおりょう夫婦の等身大木彫座像やおりょうさんの位牌が安置され、ゆかりの品々も展示している。

卯年は延命地蔵菩薩の開帳の年

龍馬と妻おりょうがこよなく愛した月琴も

◆三浦三十八地蔵尊　第二十七番札所

信楽寺

宗派：浄土宗
所在地：神奈川県横須賀市大津町３丁目29−1
電話番号：046-836-3731
拝観時間：境内拝観自由
交通：京急本線京急大津駅下車、徒歩５分

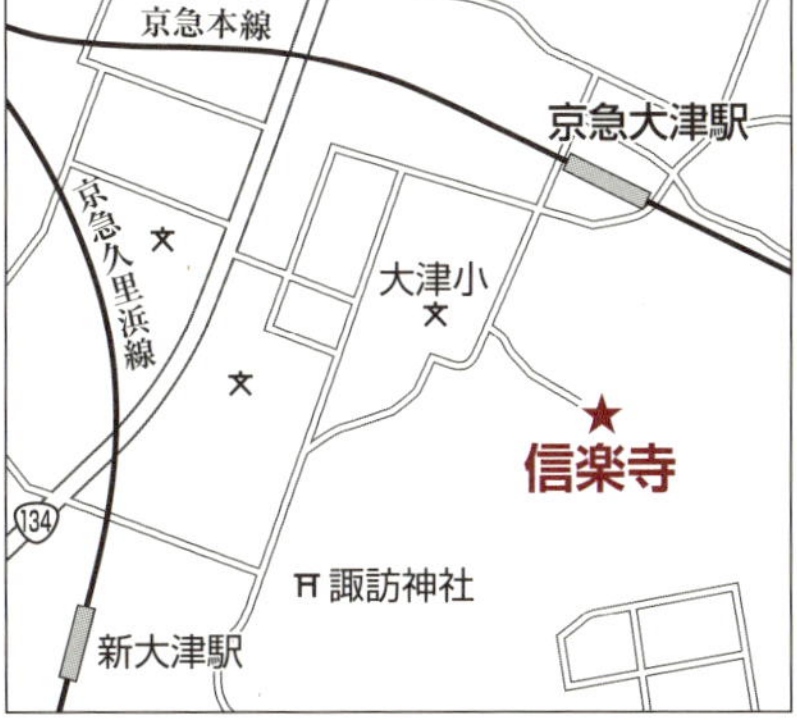

〔周辺散策〕
信楽寺より京急久里浜線新大津駅に向かって徒歩5分ほどにある**諏訪《すわ》神社**は、大津の街の守護神として崇敬されている。諸行開発、武勇の神であり、昔は奉納相撲も行なわれていた。神社を守る狛犬は、かわいい親子狛犬で一見の価値がある。

逗子葉山の高台に建つ

仙光院《せんこういん》

〃ぽっくり観音・ぼけ除け観音〃が仲よく並ぶ

観音さま

神奈川県逗子市

室町時代に鎌倉地方に真言宗をひろめた名僧 長覚《ちょうかく》が開いたといわれる長谷山《ちょうこくさん》 真福寺《しんぷくじ》 仙光院《せんこういん》は、小高い山の中腹に建ち、境内から望む近隣の山々が美しい。

十一面観音を本尊とし、脇侍は不動明王と毘沙門天《びしゃもんてん》という珍しいお寺だ。不動明王は秘仏で、酉《とり》年に開帳される。毘沙門天は奈良県の信貴山《しぎさん》から勧請《かんじょう》されたもので、正月には湘南七福神めぐりの参詣者が大勢訪れる。

仙光院には「畠山地蔵」と呼ばれる由緒あるお地蔵さまもいる。鎌倉時代中期の木像で、源 頼朝《みなもとのよりとも》の右腕として活躍した畠山重忠《はたけやましげただ》の念持仏だったもの。境内入口の地蔵堂に安置されている。

また、境内には「ぽっくり観音」と「ぼけ除け観音」が並んで安置されている。中高齢者の共通の悩みである寝たきりや痴呆症を観音さまの慈悲によって救っていただくために一九八五（昭和六十）年に建立したという。

ぽっくり観音さまは聖観音

ぼけ除け観音さまは千手観音

ぽっくり観音・ぼけ除け観音のお堂

小さなお堂はガラス張りになっていて、左がぽっくり観音さま、右がぼけ除け観音さまだ。とくにお参りの仕方は決まっていないが、**それぞれの観音さまの前で心を込めてお参りする**ことで仏さまに願いが通じるとご住職は言う。

「ぼけ除け」と「ぽっくり往生」のそれぞれのお札があるが、セットで求める参詣者が多いそうだ（50頁）。どちらかだけを求める人は、ぼけ除けのほうが人気があるという。**お札は一年お守りいただいたらお寺に返納し、新たに求めるとよい。**

観音さまの左手には六地蔵が安置されている。六地蔵は、私たちが死後、この世での行ないによって振り分けられる六つの世界（地獄、餓鬼、畜生、修羅《しゅら》、人《にん》、天）で、私たちを救ってくれる仏さまだ。こちらにも、一人ひとりていねいにお参りしたい。

〔周辺散策〕

仙光院から2キロほど、逗子海岸のほど近くに**蘆花《ろか》記念公園**がある。ここは逗子の名を世にひろめた文豪徳富《とくとみ》蘆花《ろか》のゆかりの地だ。散策路もあり、緑の森を潮風を感じながら森林浴が楽しめる。園内の一角には郷土資料館があり、文学や歴史資料が展示されている。

本堂の前には修行大師の像

◆三浦不動明王二十八霊場　第二十四番札所

◆湘南七福神　長柄毘沙門天

仙光院

宗派：高野山真言宗
所在地：神奈川県逗子市葉山町長柄1439
電話番号：046-875-2007
拝観時間：境内拝観自由
交通：JR横須賀線逗子駅または京急逗子線新逗子駅よりバス才戸坂上下車、徒歩５分（車で10分）

http://www.senkouin.org/

ぴんころ地蔵（右）と薬師寺の節分豆まき（上）

成田山 新勝寺ゆかり 薬師寺《やくしじ》

佐久野沢の〝ぴんころ地蔵〟

お地蔵さま

長野県
佐久市

長野県佐久市は平均寿命全国一位、さらに医療費の使用も全国一少ない市だ。また、寝たきりや痴呆性になる高齢者の率の低さにおいても全国屈指だという。つまり、生きているときは「ぴんぴん」長生き、寿命がきて亡くなるときは苦しまず「ころり」と往《い》ける、理想的な長寿の里である。

野沢の成田山《なりたさん》 薬師寺《やくしじ》の門前に立つぴんころ地蔵は〝ぴんころ〟のご利益をいただこうとバスツアーが企画されるほど大勢の参詣者でにぎわう。

このお地蔵さまは、健康長寿だけでなく、子供たちの健やかな成長や家運隆盛のご利益があるそうだ。お参りの仕方は、賽銭《さいせん》を入れて**お地蔵さまの体をやさしくさわりながらお願い事を一つだけ祈る**。

薬師寺の本尊は本山の成田山《なりたさん》 新勝寺《しんしょうじ》より勧請《かんじょう》された不動明王で、終戦直後まで「市」が開かれていたという。門前の仲見世通りでは、ぴんころグッズ（50頁）や地場産品を販売している。毎月第二土曜は地元商店会による「のざわ山門市」が開かれ、三十店余りが軒を連ねる。

薬師寺

宗派：真言宗智山派
所在地：長野県佐久市原467
電話番号：0267-62-0962
（ぴんころ会事務局）
拝観時間：境内拝観自由
交通：JR小海線中込駅下車、徒歩15分
http://www.pinkoro.com/

ピンピンコロリ地蔵（右）と瑠璃寺本堂（下）

頼朝ゆかりの桜の名所　瑠璃寺《るりじ》

下伊那の〝ピンピンコロリ地蔵〟

お地蔵さま

長野県
高森町

二〇一一（平成二十三）年に開基九百年を迎えた大嶋山《だいとうざん》瑠璃寺《るりじ》は、信州下伊那随一の古刹として多くの人たちに信仰されている。

本尊の薬師瑠璃光如来三尊仏は平安時代中期の作で、国の重要文化財に指定されている。源　頼朝《みなもとのよりとも》寄進の桜をはじめ、桜の名所でもある。

瑠璃寺本堂下にあるピンピンコロリ地蔵（光明功徳仏《こうみょうくどくぶつ》）は、高森町が「PPK（ピンピンコロリ）運動」発祥の地であることにちなんで建立された。PPK運動というのは、一九八〇（昭和五十五）年、飯田市に住む元保健体育教師の北沢豊治《とよはる》さんが県からの派遣社会教育主事として高森町に勤務した際、「健康で長生きし、死ぬときはあっさり大往生したい」という町民の願いをかなえようと考案した健康長寿体操のこと。三年間普及に尽力し、その成果を日本体育学会で発表したものだ。こうしたことから、お地蔵さまをお参りした方々に健康長寿と家庭円満、子孫繁栄、商売繁盛のご利益が得られることを願っているという。

瑠璃寺

宗派：天台宗
所在地：長野県下伊那郡高森町大島山812
電話番号：0265-35-6767
（ピンピンコロリ地蔵事務所）
拝観時間：境内拝観自由
交通：JR飯田線市田駅より車で10分
http://www.takamori.ne.jp/~pinkoro/

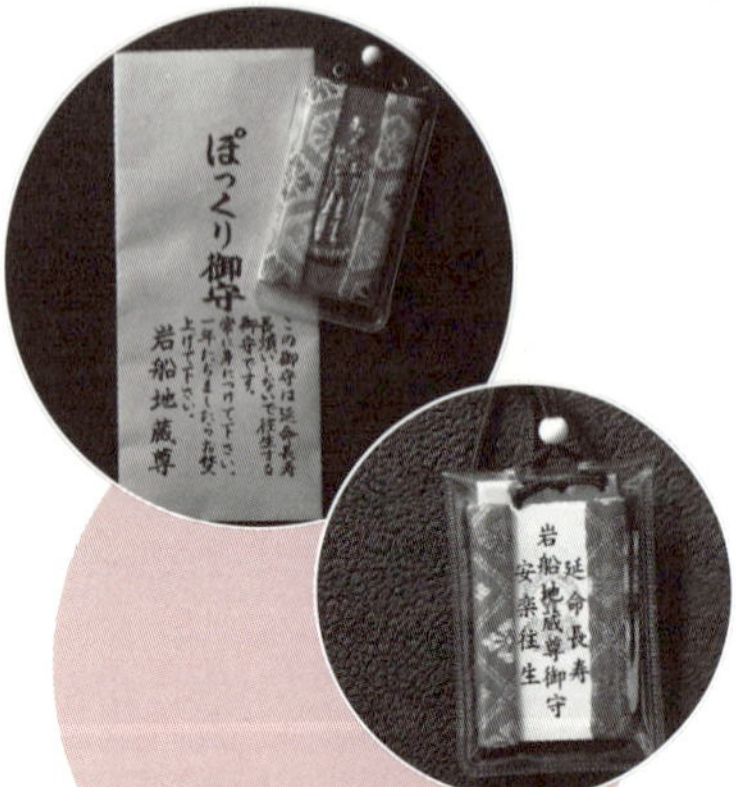

慈光寺（P.22）
心願成就のお札とお姿のセット
1000円
中風除け・ボケ防止御守　500円
厄除け健脚御守　500円

岩船山 高勝寺（P.16）
ぽっくり御守　600円
岩船地蔵尊御守　600円

桂岸寺（P.20）
延命地蔵尊御守根付　500円
延命地蔵尊・二十三夜尊御守　各300円
笠間焼ぴんころ地蔵人形　一体300円

関東・甲信越のお守り＆ご利益グッズ

西光院（P.32）
ぽっくり薬師の薬壺お守り　500円

常満寺（P.26）
カード型守り本尊　1000円
流し札　500円

龍泉寺（P.34）
水崎観音のお姿　200円

正安寺（P.38）
ぽっくり閻魔のお守り　＊7月16日の閻魔大王の斎日にお参りすれば、数がある限りいただける

安養院（P.36）
烏瑟沙摩明王のお姿入り片手念珠　1000円
寝釈迦尊祈祷札　1000円
烏瑟沙摩明王のお札　500円

関東・甲信越

関東・甲信越のお守り＆ご利益グッズ

福泉寺（P.40）
ぽっくり祈願根付
（箱根寄木細工）500円
長寿ぽっくり往生祈願の
食品・お守りの数々

佐久野沢のぴんころ地蔵（P.46）
ぴんころ味噌　400円
ぴんころサブレ　1枚63円
ぴんころ湯呑み茶わん　500円

仙光院（P.44）
ぼけ除け観音・ぽっくり観音
祈願札セット（お守り付）
1600円（各800円）

下伊那のピンピンコロリ地蔵（P.47）
ピンピンコロリ地蔵御守　350円
鋳物製ピンピンコロリ地蔵　1500円
ピンピンコロリ地蔵御守
（キーホルダー竜鈴）500円

2

東海・近畿の
ポックリ往生パワースポット

烏枢沙摩明王はもともとインドの神話に登場する火の神さま

ご利益の宝庫 明徳寺《みょうとくじ》

「おまたぎ」で願うトイレの神様〝烏枢沙摩明王《うすさまみょうおう》〟

その他

静岡県伊豆市

東海・近畿

金龍山《きんりゅうざん》 明徳寺《みょうとくじ》は、室町時代初期の明徳《めいとく》年間（一三九〇～一三九四年）に開かれたことから明徳寺といい、曹洞宗のお寺だ。本尊は釈迦如来（拈華釈迦牟尼仏《ねんげしゃかむにぶつ》）だが、ここではもっぱら、本堂に向かって右手のうすさま明王堂にまつられる烏枢沙《うすさ》摩明王《まみょうおう》に人気が集中している。

通称〝便所の神さま〟として知られる烏枢沙摩明王は本来、不浄のものを浄化し、清める徳を持つ古代インドの神様だ。インドから中国、そして日本へ仏教の伝来とともに、烏枢沙摩明王も日本に伝わった。そして日本では、「下《しも》の世話にならず、下半身の健康を保つ」というご利益のある神さまとして崇《あが》められている。明徳寺では、五百年以上前から烏枢沙摩明王をお参りに大勢の人々が参詣している。

最近では、平成二十二年に『トイレの神様』が大ヒットした植村花菜さんがヒット祈願で訪れていたことが話題になった。

「おさすり・おまたぎ」をして
健康祈願

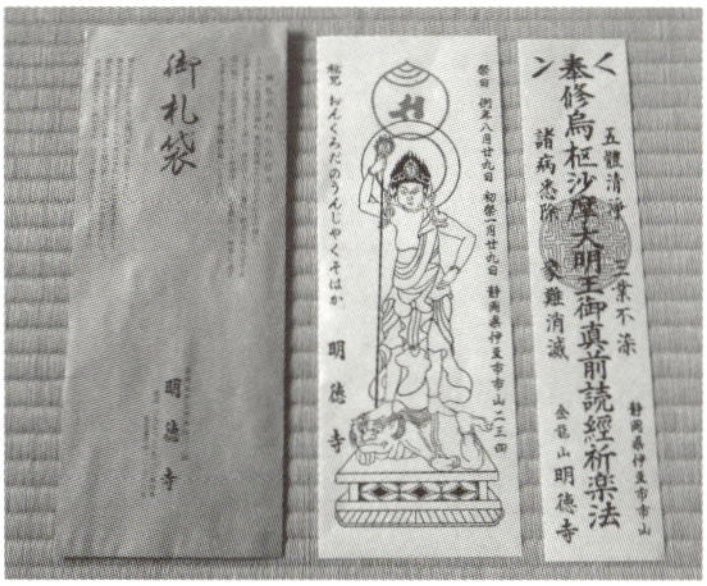

烏枢沙摩明王のお札　300円

明徳寺の烏枢沙摩明王のお参りの仕方は独特だ。明王堂の烏枢沙摩明王をお参りしてから、「おさすり・おまたぎ」のお堂（東司《とうす》＝便所のこと）へ移動する。中へ入ると右手が正面で、そこにはもう一体の烏枢沙摩明王が安置されている。その前には自然木でかたどられた男性器や女性器、そして床には木枠の雪隠《せっちん》（便器）がある。この**雪隠をまたいだり、天然木の性器をさすりながら烏枢沙摩明王に健康を祈念する。**

お参り後、参詣者の多くが求めるのは烏枢沙摩明王のお札だ。二枚一組で、**一枚をトイレの外、もう一枚を中に貼る**。そのほか、祈祷された肌着などがある（90頁）。

また、明徳寺には「ぼけ封じ観音」「招福大黒天」も安置されており、さまざまなご利益をいただこうと参詣者は各所でお参りしている。

うすさま明王堂の右手で肌着が求められる

◆伊豆天城六湯七福神霊場　大黒天

明徳寺

宗派：曹洞宗
所在地：静岡県伊豆市市山234
電話番号：0558-85-0144
拝観時間：８時30分～16時
交通：伊豆箱根鉄道駿豆線修善寺駅よりバス市山下車、徒歩４分（車で25分）

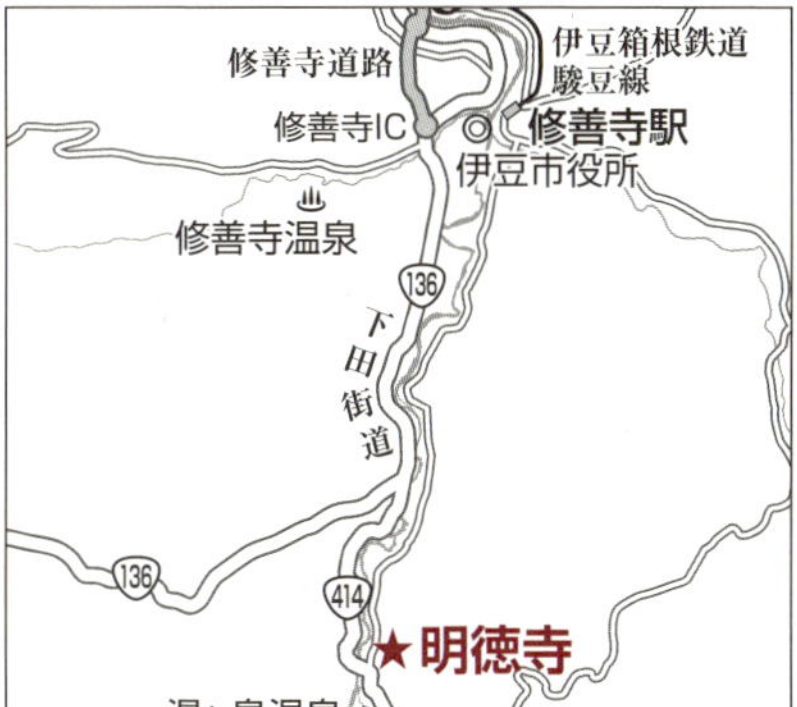

東海・近畿

葵紋《あおいもん》の使用を許された古刹 見性寺《けんしょうじ》

大鐘を撞《つ》いて安楽往生を願う〝輔苦離《ぽっくり》さん〟

お釈迦さま

静岡市葵区

輔苦離往生仏。春秋の彼岸がぽっくり縁日祭となっている

楠谷山《なんこくざん》見性寺《けんしょうじ》は、平安時代開創の真言宗のお寺を戦国時代に曹洞宗のお寺に改め、今川氏をはじめ武田信玄、徳川家康などからも朱印をいただいた古刹だ。別名「南天寺《なんてんでら》」とも呼ばれ、秋から冬にかけて境内中に南天が赤い実をつけて参詣者の目を楽しませてくれる。

見性寺の本尊は如意輪観音《にょいりんかんのん》。ぽっくりさんは、山門から入って右手の輔苦離《ぽっくり》仏堂に安置される、釈迦如来の化身〝輔苦離往生仏〟だ。

輔苦離とは、「苦から離れることを輔《たす》ける」という意味。「延年天寿の仏さま」といわれ、寿命を延ばし、安楽往生を見守ってくれるそうだ。そこから、年老いて長患いせず、家族に下《しも》の世話にもならず、苦しみもなくこの世を去ることをかな

赤い斗帳が掛かる輔苦離仏堂

〔周辺散策〕
　見性寺から3キロほどにある**洞**《とう》**慶**《けい》**院**《いん》は、「おとうけいさん」と親しまれる曹洞宗の古刹だ。梅園があり、約1000本の梅が咲き乱れる2月下旬から3月にかけて多くの観梅客でにぎわう。富士山と梅の構図はアマチュアカメラマンにも絶好のスポットになっている。秋の紅葉も見事だ。

えてくださる仏さまとして信仰がひろまった。

　ぽっくりさん参りでは、まず本堂右手の鐘楼に行って、重量二トンといわれる大梵鐘を撞《つ》く。撞き方は、浄財百円を賽銭箱《さいせんばこ》に入れてから**梵鐘に向かって合掌礼拝、「南無ぽっくり往生仏」ととなえ、長寿ぽっくり往生を念じて力いっぱい撞く**。それから本堂をお参りしてから、輔苦離仏堂をお参りする。

　ぽっくりさんのお参りが終わってから、ぽっくりさん祈願絵馬やお守り、祈祷された肌着などを求めるとよい（90頁）。また、ぽっくりさん祈祷は随時受け付けており、祈祷が済んでから祈祷札をいただける。

　三回以上お参りすれば、輔苦離往生仏とより深く縁を結べるそうだ。

◆藁科弘法大師霊場　第四番札所

風格ある見性寺の山門

見性寺

宗派：曹洞宗
所在地：静岡市葵区新間1089
電話番号：054-278-9790
拝観時間：境内拝観自由
交通：JR東海道新幹線・東海道本線静岡駅よりバス見性寺入口下車（車で20分）

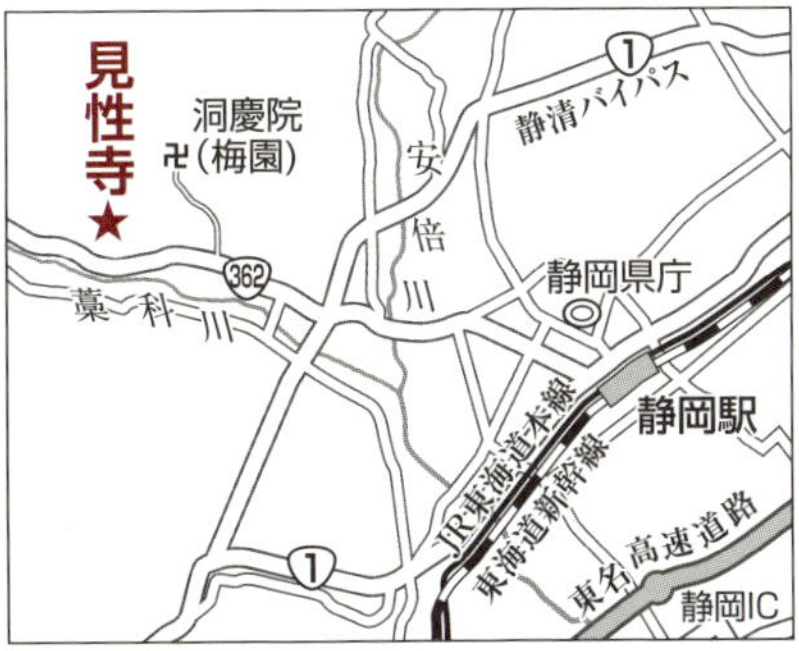

東海・近畿

ぽっくり堂の本尊は釈迦如来と日蓮聖人の大曼荼羅。手前は布袋尊

神仏のデパート

観世音寺《かんぜおんじ》（風天洞《ふうてんどう》）

嫌なことは〝ぽっくり堂〟に預けよう

その他

愛知県豊田市

東海・近畿

岩戸山《いわとさん》 観世音寺《かんぜおんじ》は、千体以上の神仏がまつられる全長五百メートルの洞窟「風天洞《ふうてんどう》」で知られるユニークなお寺だ。

およそ八百年前に修行道場として開かれた古刹で、観音堂には聖徳太子作と伝えられる聖観《しょうかん》世音《ぜおん》菩薩《ぼさつ》がまつられている。長く廃寺となっていたところを現住職が引き受けて、一九八八（昭和六十三）年に観光と祈祷のお寺としてよみがえらせた。

これだけの神仏がいるので願い事は何でもかなう。長寿ぽっ

風天洞の中には七福神がまつられている。洞窟の守護神の風天神（上）。「一粒万倍」の洗身銭洗恵比須大古久天（右下）。長命・ぽっくり往生の寿老人（左下）

くり往生なら洞窟の中に七福神のひとり「寿老神」がおり、また洞窟を出たところにぽっくり堂がある。ご住職は、「一つひとつの神仏のご利益を願うのもよいが、この山全体の神仏が一体となって、すべての人々の願いである長寿ぽっくり往生をかなえくださると思えばよいでしょう」と言う。

風天洞の七福神めぐりはスリリングだ。御影石の洞窟を頭と足元に注意しながら進めば、途中に七福神のほか、千体観音、風天神などが次々と現れる。

まず、「一粒万倍」と書かれた法泉霊水の銭洗い所がある。この湧き水でお金を洗えば、娑

寝拝み楊柳観音さまとお札が貼られた仏像

巨石の下面に寝拝み楊柳観音さまが描かれている

寝拝み楊柳観音さまにお参り

婆の汚れや我欲が洗い流され、一粒万倍のご利益がある。

洞窟を出てから順路をしばらく進むとぽっくり堂がある。ここには、本尊釈迦如来の前に円満な姿の布袋さまがまつられている。「ぽっくり死ぬのではなく、楽に苦しまずに死ぬことを願う。何よりいまの苦しみから離れるために、**ぽっくり堂に嫌なことを預けるつもりでお参りする**」とよいそうだ。

そして出口には、四千トンの巨大な岩が載った祠堂《しどう》があり、そこに寝拝《ねおが》み楊柳観音《ようりゅうかんのん》さまがいらっしゃる。**寝台に横になり、岩底に描かれた巨大な観音さまをお参りする**と、ストーンパワーもあわさって病魔封じ・病気平癒の効果があるという。

　中風除け・病魔封じのほうろく加持《かじ》も常時受け付けている。

　寺務所前には「不老長寿・嫁いらずの足湯」があるので、そのお湯につかり、さらにポックリパワーをいただいて下山するとよい。

観音堂。開山当時、洞窟の中にまつられていた聖観音が安置されている

観世音寺の入口には日蓮聖人の大曼荼羅

〔周辺散策〕
　風天洞から車で15分ほどには紅葉の名所として知られる**香嵐渓**《こうらんけい》がある。待月橋《たいげつきょう》、香積寺《こうしゃくじ》（曹洞宗）、三州足助《あすけ》屋敷など見どころも多い。秋の紅葉だけではなく、春のカタクリの花、初夏のモミジの新緑も素晴らしい。

たくさんの仏像に導かれて山道の参道を登っていく

観世音寺（風天洞）

宗派：日蓮系単立
所在地：愛知県豊田市足助町大蔵
電話番号：0565-64-2279
拝観時間：9時～17時
交通：名鉄三河線平戸橋駅より車で35分
※風天洞七福神めぐり　入洞料1000円

http://homepage3.nifty.com/fuutendou/

大隋求明王さまは本堂外陣御前に安置され、間近でお参りできる

「尾張高野《おわりこうや》」と称される　八事山《やごとさん》　興正寺《こうしょうじ》

七《なな》ヶ《か》月《つき》参りで下《しも》の病封じ〝大隋求明王《だいずいぐみょうおう》〟

その他

愛知県名古屋市

東海・近畿

八事山《やごとさん》興正寺《こうしょうじ》は、江戸時代一六八六（貞享《じょうきょう》三）年に高野山の僧天瑞《てんずい》が開き、尾張徳川家の祈願所として発展したお寺だ。現在は高野山真言宗の別格本山となっている。

本尊は阿弥陀如来だが、興正寺で最も有名な仏さまは大隋求《だいずいぐ》明王《みょうおう》だ。本尊とともに本堂に安置されている。大隋求明王は老後の息災、とくに下《しも》の世話にならず、長患いせずに往生できるというご利益があるといわれ、信仰する人たちには「ポックリさん」と呼ばれ親しまれている。

興正寺の縁日は毎月五日と十三日。前者が大隋求明王で、後者が境内右手の能満堂に安置され、ぼけ封じのご利益があるという虚空蔵菩薩《こくうぞうぼさつ》の縁日だ。この両日は、「大隋求尊七《だいずいぐそんなな》ヶ月《かつき》参り」に訪れる参詣者八千人から一万人でごったがえす。

七ヶ月参りとは、**大隋求明王に毎月一度七カ月続けてお参りすると満願となり、大願成就する**というものだ。一回お参りするごとに専用のお参りカードに梵字の印を一つ押してくれる（一回百円）。それを毎月続けて七回目に満願となり、大隋求明王との結縁ができたという証《あか》しに「血脈《けちみゃく》」と呼ばれる護符「大隋求陀羅尼《だいずいぐだらに》」がいただける（祈祷料五百円）。**血脈は、生前は自身のお守りとして、後生はお棺に入れて冥土《めいど》に持っていく**。何回も満願して、いただいた血脈は家族や友人に贈ってもよいという。

さらに、七ヶ月参りを七回（計四十九回）満願達成すれば、お寺から記念の輪袈裟《わげさ》をいただける。それを励みとしてお参りを続ける人も多い。

「七」という数字は、仏教では願い事がかなう〝成就数〟とされていることから、七ヶ月参りが始まったといわれる。縁日には毎回百五十ほどの露店も出る。

西山中門。後ろに五重塔がそびえる

〔周辺散策〕

尾張徳川家ゆかりの興正寺をお参りしたら、その居城である**名古屋城**もぜひ見学したい。金の鯱《しゃちほこ》で知られる天守閣最上階の展望室からは、城下一帯が一望できる。二の丸は庭園になっており、枯山水回遊式庭園などを楽しめる。

カード１枚（７回満願）で、中央の「大隋求陀羅尼」がいただける

◆東海三十六不動尊霊場　第三十六番札所

八事山 興正寺

宗派：高野山真言宗（別格本山）
所在地：愛知県名古屋市昭和区八事本町78
電話番号：052-832-2801
拝観時間：7時～18時
交通：名古屋市営地下鉄鶴舞線・名城線八事駅下車、徒歩3分

http://www.koushoji.or.jp/

大隋求菩薩さまを信仰すると無病息災、ぽっくり往生まちがいなし

「見返《みかえり》弘法大師」の名刹 遍照院《へんじょういん》

〝大隋求菩薩《だいずいぐうぼさつ》〟にお七度参《しちどまい》りでぽっくり祈願

その他

愛知県知立市

東海・近畿

〝知立《ちりゅう》の弘法さん〟として親しまれる弘法山《こうぼうさん》 遍照院《へんじょういん》は、千二百年前に弘法大師空海《くうかい》が自ら創建したお寺だ。大師は東国巡行の帰途、この地の人々が苦労しているのを見て一カ月ほど逗留、加持《かじ》祈念した。そして出立に際し、自身の座像を三体刻んだという。その一体が遍照院の本尊である。その像は、人々との別れを惜しんでやや右を振り向いて見えることから「見返《みかえり》弘法大師」と呼ばれている。

弘法大師の月命日である旧暦の二十一日には、知立駅からの弘法通り、境内まで数百の露店が並び、県内外からの参詣者でにぎわう。

この日は、「現世安穏」「後生善処」「無病息災」「ぽっくり往生」の霊験あらたかな大隋求菩薩《だいずいぐうぼさつ》（与願金剛《よがんこんごう》菩薩《ぼさつ》）が薬師堂の御前に出され、間近でお参りできる。

大隋求菩薩さまをお参りするときは、「南無《なむ》与願《よがん》金剛《こんごう》 隋求《ずいぐう》菩薩《ぼさつ》」ととなえる。

遍照院では、**大隋求菩薩さまの縁日である13日に月一度七カ月続けてのお参りをすれば願望が成就する**というお七度《しちど》参り（七月七度《なながつななど》参り）の風習がある。一回お参りするごとに専用のお参りカードに朱印を一つ押してもらい（一回百円）、七つで満願となる。満願のお参りカードが七枚になれば、大隋求菩薩さまとの結縁の記念として念珠（数珠《じゅず》）をいただける。お七度参りは縁日だけではなく、いつお参りしても朱印を押してもらえる。

また、遍照院では「健康長寿・老人ボケ封じ祈願」として特別に祈祷した密教梵字が刻印された念珠（90頁）も求めることができる。

歴史ある薬師堂に安置されている

［周辺散策］

弘法大師がこの地で刻んだ三体の自像は、遍照院のほか二寺に安置され、**三河《みかわ》三弘法霊場**となっている。徒歩で2～3時間でめぐれるので、ミニ巡礼を楽しむのもいい。一番根本霊場が遍照院、二番が「見送《みおくり》弘法大師」の**西福寺《さいふくじ》**（刈谷市一ツ木町）、三番が「流涕《りゅうてい》弘法大師」の**密蔵院《みつぞういん》**（刈谷市一里山町）となっている。それぞれ納経印をいただける。

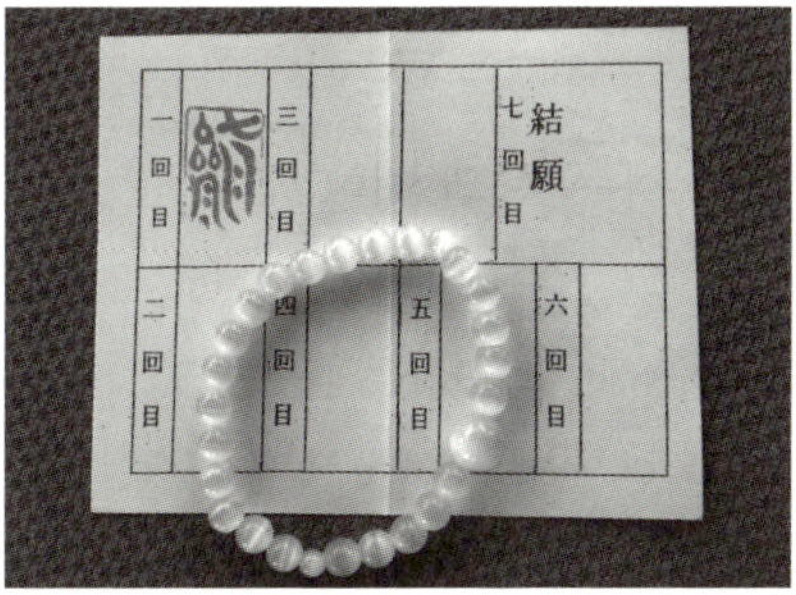

お七度参りのカード。カード７枚で念珠がいただける

◆三河三弘法第一番根本霊場

◆三河新四国霊場　開創霊場

◆東海三十六不動尊霊場　第十八番札所

遍照院

宗派：真言宗豊山派
所在地：愛知県知立市弘法町弘法山19
電話番号：0566-81-0140
拝観時間：早朝～ 17時
交通：名鉄知立駅下車、徒歩15分

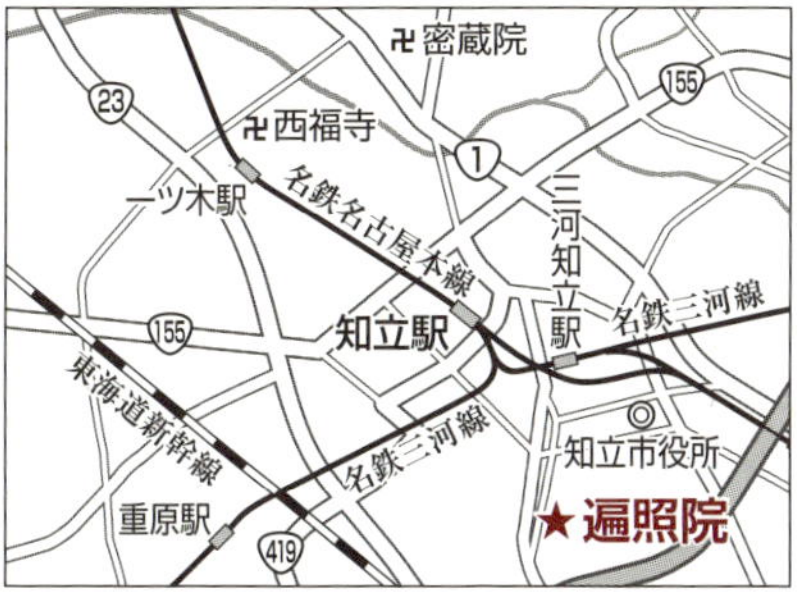

http://henjoin.com/

四国に似た風光明媚な知多半島の大師霊場　来応寺《らいおうじ》

観音山にあった〝ぽっくり地蔵〟

ぽっくり地蔵様
ぽっくり地蔵さま
昔から村人が「ぽっくり往生」するよう祈りをこめた霊験あらたかなお地蔵さまです　この度奥の方からお移ししました「極楽往生」の祈りをこめて　お参りください。

地元の人々に愛されている五体のかわいらしいぽっくり地蔵さま

お地蔵さま

愛知県常滑市

伊勢湾に浮かぶ中部国際空港セントレアを有する常滑市《とこなめし》。その南部に金光山《こんこうざん》来応寺《らいおうじ》はある。安土桃山時代の高僧来応《らいおう》が、現在の境内地の裏山（観音山）に観音堂を建立。本尊の如意輪観音像《にょいりんかんのんぞう》とともに弘法大師像がまつられていた。その後、曹洞宗のお寺として再興され、明治維新のころに現在地に移転。お寺の名は開基の僧の名に由来している。

境内には三つの小さなお堂が並んでいる。本堂から向かって左のお堂にぽっくり地蔵さまがまつられている。五体の小さなお地蔵さまは、来応寺が観音山にあったころから、心安らかに長寿をまっとうし、極楽往生できると伝えられ、村人たちに信仰されてきた。

ぽっくり地蔵さまのお守り
500円

いまも、健康長寿、ぽっくり往生を願って参詣者が絶えない。常滑焼の**ぽっくり地蔵さまのお守りは、手に包んだり、その顔をこする**と、お地蔵さまのお慈悲があふれ、安らかな心地に包まれると人気だ。

中央は〝分身五十八番弘法大師〟のお堂だ。戦後、名古屋市の寺尾勝治郎氏より寄進されたもの。氏はこのお大師さまをまつって以来、万事順調、商売は隆盛の一途をたどられた。そのいきさつから商売繁盛の霊験があるとして信仰されている。

そして右のお堂には子安地蔵尊がまつられている。安産守護の仏さまとして江戸時代中期から信仰されている。〝腹掛《はらかけ》地蔵〟と呼ばれ、団子を二つ三つ供えれば子種を得られ、腹掛をいただけば安産ができるといわれている。

〔周辺散策〕

来応寺から2キロほど南に**「盛田 味の館」**がある。ここは、江戸時代から三百数十年続く醸造所の見学施設だ。昔の醸造蔵をそのまま改築しており、味噌、醤油、酒等の販売や食事が楽しめる。

また、ここはソニーの創業者盛田昭夫氏の実家であり、「十五代当主盛田昭夫記念館」も併設されている。

本堂の前に茂る大きなソテツが南国らしい。左は大師堂

◆知多四国八十八ヶ所霊場　第五十八番札所

◆知多西国三十三観音巡礼　第十番札所

来応寺

宗派：曹洞宗
所在地：愛知県常滑市大谷奥条27
電話番号：0569-37-0447
拝観時間：境内拝観自由
交通：名鉄常滑線常滑駅よりバス大谷下車
(車で20分)

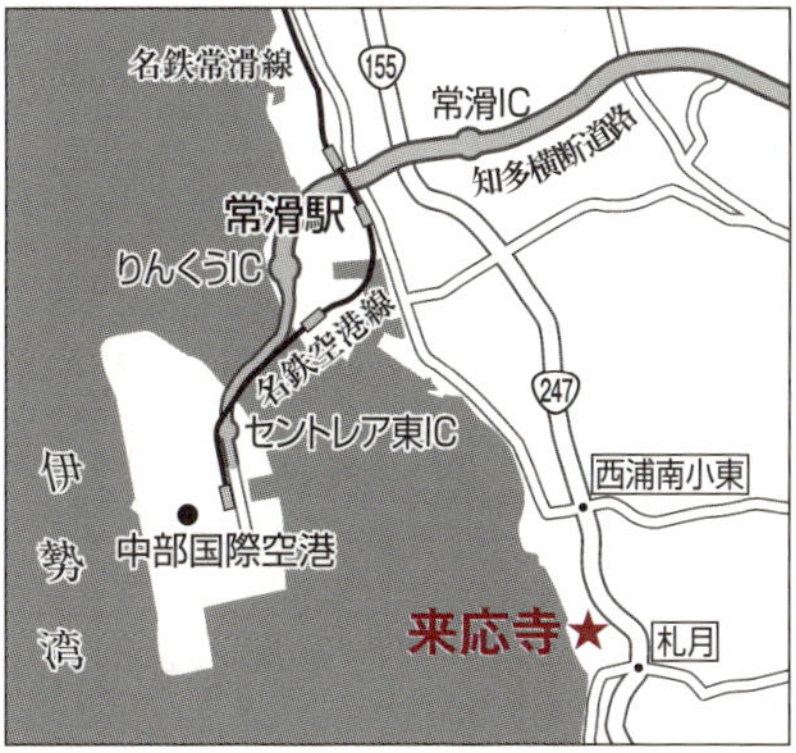

東海・近畿

ぽっくり弘法大師さま。右にはお不動さまがおまつりされている

「願掛けふるべのお鈴」で願う 荒熊神社《あらくま》

呉服屋のおばあさんの〝ぽっくり弘法大師〟

愛知県南知多町

東海・近畿

知多半島の山海《やまみ》海岸を望む小高い山の頂にある荒熊《あらくま》神社は、荒熊大神《あらくまおおかみ》をまつり、商売繁盛、縁結び、家内安全、病気平癒、交通安全など人々のさまざまな悩みにご利益がある。

本殿には「願掛けふるべのお鈴」という大小二つの鈴がある。**大きな鈴は頭上にかざして願い事をとなえながら振る**と願いがかなう。**小さな鈴は病気平癒にご利益**があり、これを持って体の具合の悪いところ、痛いところをさするとよい。

また、病気平癒には本殿への参道の途中にある土浪地蔵尊をお参りするとよい。このお地蔵さまは、昔この地にたどり着いて病気や災難除けの功徳を施して亡くなった僧をしのんで建立されたもの。「お経を読む方」ということから「おきょうさま」と親しまれている。ここに水を供えてお参りし、その水で薬を飲めば病気がよくなるように導いてくださるという言い伝えがある。

荒熊神社に登る参道

そして、神社のふもとの弘法の社《やしろ》にまつられているのが〝ぽっくり弘法大師〟だ。その昔、「津の国屋」という呉服屋のおばあさんが弘法大師を篤《あつ》く信仰し、四国の善《ぜん》通寺《つうじ》から弘法大師像を迎えておまつりしたところ大変なご利益をいただいた。そして、自身の死期を悟ったとき、弘法大師像のお守りを荒熊神社に託して、ポックリと安らかな往生を遂げた。それ以来、ぽっくり往生を願ってこの弘法大師さまをお参りする人が絶えないという。毎月二十一日には祈祷供養が行なわれる。

弘法の社にも「願掛けふるべのお鈴」があり、ぽっくり往生の願掛けをする人もこの鈴を頭上にかざしてお願いすればよい。また、本殿まで参道を登って荒熊大神をお参りすることができない方は、ここでお参りする。

〔周辺散策〕

荒熊神社から東へ車で15分ほどの**観光農園花ひろば**は、北海道の富良野《ふらの》や美瑛《びえい》の丘を思わせるような広くなだらかな丘に、春は菜の花や芝桜、夏はヒマワリと、一年中さまざまな花が咲き乱れる。花摘みや野菜狩りも楽しめる。

弘法の社の「願掛けふるべのお鈴」

荒熊神社

所在地：愛知県知多郡南知多町山海高座10
電話番号：0569-64-1828
拝観時間：境内拝観自由
交通：名鉄知多新線内海駅よりバス山海下車、徒歩５分（車で14分）

http://www12.plala.or.jp/arakuma/

ぽっくり往生の本尊、源信が彫ったという「丈六の阿弥陀如来」

秘法の肌着祈祷にご利益あり

吉田寺《きちでんじ》

斑鳩《いかるが》の里〝ぽっくり往生のお寺〟

阿弥陀さま

奈良県斑鳩町

〝ぽっくり往生のお寺〟として多くの参詣者でにぎわう清水山《しみずさん》 吉田寺《きちでんじ》は、平安時代中期に『往生要集』を著し、日本浄土教の祖として名高い天台宗の僧、恵心僧都《えしんそうず》源信《げんしん》を開基としている。

縁起によると、七世紀後半に天智天皇の勅願により創建されたというから千三百年の歴史を誇る。本堂の西側には天智天皇の妹間人皇女《はしひとのひめみこ》を葬る清水《しみず》の古墳がある。

本尊は一丈六尺（約五メートル）もある奈良県下最大の阿弥陀如来座像で、源信が母の三回忌に清水の森の栗の木を彫って造ったと伝わる。千体仏が彫られた光背も見事で、「大和《やまと》のおおぼとけ」とも呼ばれている。また、境内中央にある約十二メートルの多宝塔は室町時代の創建。どちらも国の重要文化財に指定されている。

ぽっくり往生のいわれは、源信が母の臨終に際して除

●本書の項目について□内に10点満点でご採点ください。

書名□　装丁□　目立ち具合□　読みやすさ□
やわかりすさ□　役立ち度□　内容への共感□

●この本をどのような形でお知りになられましたか？

1．ネットで見て（サイト名など教えてください：　　　　　　）
2．書店で見て　3．当社ＨＰ　4．広告を見て（媒体名：　　　　　　）
5．知人の紹介　6．書評を見て（媒体名：　　　　　　）

●なぜ、この本が必要、欲しいと思ったか、理由を教えてください。

1．本書の分野に強い興味、関心がある　2．タイトル、帯を見て
3．何となく面白そう　4．知人に勧められて　5．デザインがよかったから
6．書評・紹介記事で読んで　7．広告を見て　8．その他（　　　　　　）

●次の項目であてはまるものに○をつけてください。

・書名について
1．大げさ　2．ユニーク　3．普通　4．印象薄い　5．その他（　　　　　　）
・装丁について
1．素晴らしい　2．自分好み　3．つまらない　4．レジで買いづらい
5．その他（　　　　　　）
・装丁は女性、男性どちら向きだと思いますか？
1．女性向き　2．男性向き　3．両方　4．その他（　　　　　　）
・価格についてどう思いますか？
1．高い　2．妥当　3．安い　4．その他（　　　　　　）

●当社書籍情報をE-mailでご案内してもよろしいですか。

1．はい　2．いいえ

●本書をお読みになった感想をぜひお聞かせください。

貴重なメッセージをありがとうございます。

お寄せいただいたハガキより、毎月抽選で50名様に当社ロングセラー「インド式計算練習帳」をお送りします。（発表は発送をもって代えさせていただきます）

●ご記入いただいたご意見・ご感想を他の媒体や広告で紹介させていただいてもよろしいですか。（お名前は掲載しません）

□はい　□いいえ

※個人情報は小社のＰＲや営業活動、サービス情報提供に限って使用させていただきます。
ご協力ありがとうございました。

郵便はがき

料金受取人払郵便

赤坂支店承認

9401

差出有効期間
平成25年7月
31日まで
(切手不要)

107-8790

116

(受取人)
東京都港区赤坂6-2-14
レオ赤坂ビル4F

青志社編集部 行

http://www.seishisha.co.jp
customerservice@seishisha.co.jp

本書をお買いあげ頂き、誠にありがとうございました。お手数ですが、今後の出版の参考のため各項目にご記入のうえ、弊社までご返送ください。(できるだけメールアドレスはご記入ください)

●本の題名 (必ずお書き下さい)

●お買上げの店名

●お名前　　●男・女 (　　) 歳

お誕生日　　年　月　日

●ご住所　〒

●TEL　　●FAX

●パソコンのE-mail アドレス

●携帯電話のメールアドレス

●ご職業

1. 学生　2. 会社員　3. 自由業　4. 教員　5. マスコミ　6. 自営業
7. 公務員　8. 主婦　9. フリーター　10. その他 (　　　)

魔の祈願をした浄衣《じょうえ》を着せたところ、念仏をとなえながら苦しみもなく安らかに往生を遂げることができたことから。そこで、**本尊の御前で祈祷を受けると、長く患うことなく、下《しも》の世話にならずに延年天寿をまっとうし、安楽往生できる**という霊験がうたわれ、信仰を集めている。

ぽっくり往生を願って祈祷を受ける場合は、肌着を持参するとよい。また、**一生のうちに三回以上祈祷を受けると、現当二世（あの世とこの世）のご利益をいただける**といわれている。

お参りの記念には手ぬぐいが人気だ。味わい深い阿弥陀さまのイラストがプリントされたものと、「平常の五心」という聖徳太子の言葉が書かれたものがある。

吉田寺の手ぬぐい　各400円

〔周辺散策〕
吉田寺から北東へ2キロ、聖徳太子の発願により建てられた**法隆寺**がある。飛鳥《あすか》時代の建築様式を残した伽藍は、現存する世界最古の木造建築物群であり、平成5年に日本で最初に世界文化遺産に登録された。国宝の金堂や五重塔をはじめ、ゆっくりと拝観したい。

本堂（左）。多宝塔には源信の父の供養のための大日如来がまつられている（秘仏）

◆別時念仏道場　大和二十五霊場

吉田寺

宗派：浄土宗
所在地：奈良県生駒郡斑鳩町小吉田1丁目1−23
電話番号：0745-74-2651
拝観時間：9時〜16時
交通：JR関西本線法隆寺駅より車で6分
※JR・近鉄王寺駅または近鉄筒井駅よりバスあり。竜田神社前下車、徒歩3分
拝観料：本堂300円

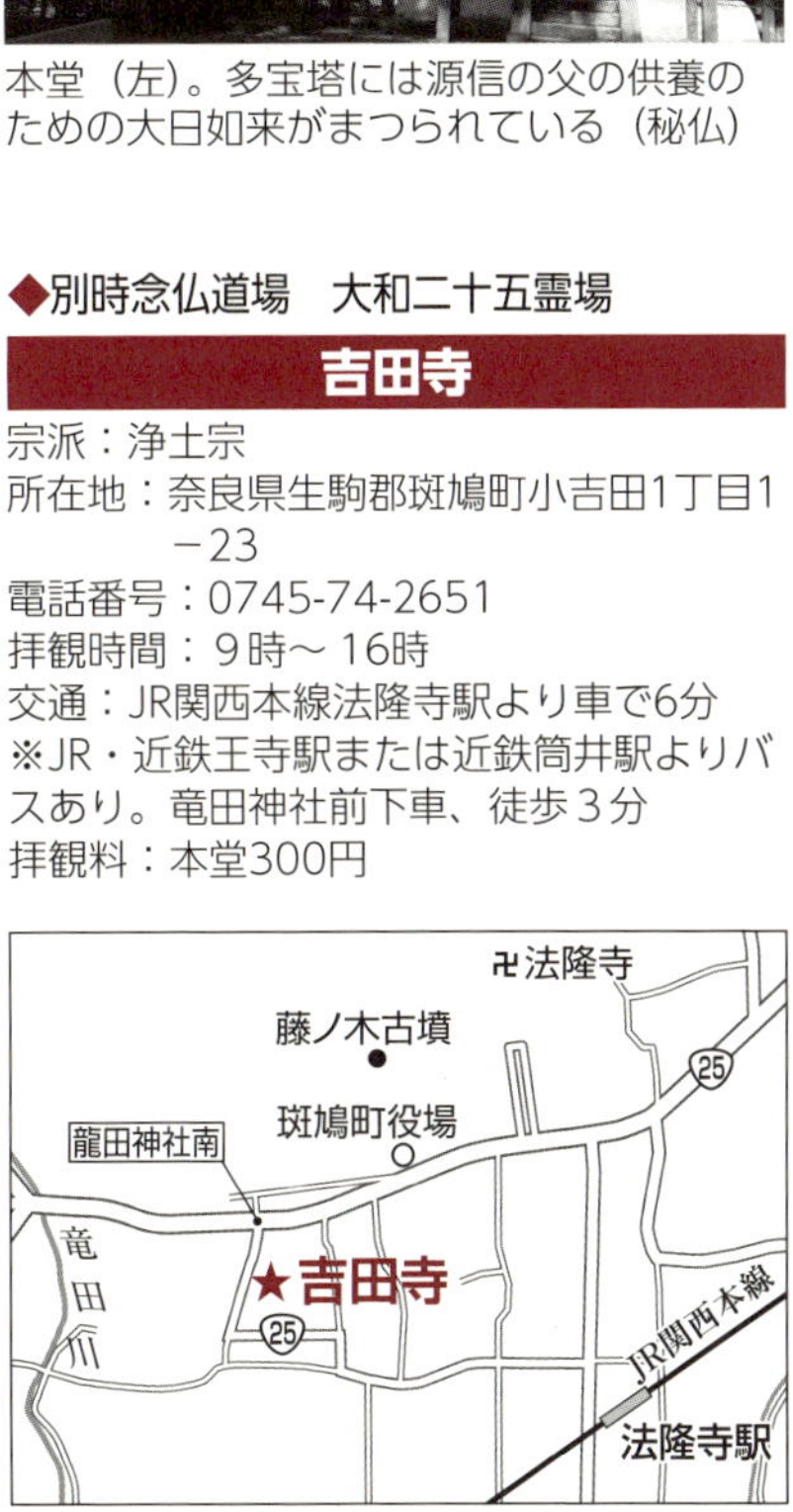

源信が母のために彫ったという阿弥陀如来。手前は源信の像

健康長寿・安楽往生を浄衣《じょうえ》に朝晩拝む

〝ポックリ寺の元祖〟恵心僧都《えしんそうず》誕生院

阿日寺《あにちじ》

阿弥陀さま

奈良県香芝市

誕生院《たんじょういん》 阿日寺《あにちじ》は、日本浄土教の祖といわれる恵心僧都源信《えしんそうずげんしん》が誕生したお寺だ。平安時代中期の九四二（天慶《てんぎょう》五）年、源信はこの地で生まれ、九歳で比叡山にのぼって仏門に入った。たぐい希な秀才で、十五歳のときには宮中で『法華経』の講義をされたほどだ。著書の『往生要集』は念仏の大切さを解説した書で、のちの浄土宗や浄土真宗が開かれる基盤になった。

「ポックリ寺の元祖」といわれるゆえんは、母の臨終の際に浄衣《じょうえ》を着せ、除魔の法を修して一緒に念仏をとなえながら安楽往生をさせたことによる。源信は母の忌中に阿弥陀如来像を彫り、それを母の身代わり仏として朝夕おつとめした。それにより、「無病息災で長寿を守護し、一切の苦厄を払いのけ、下《しも》の世話をかけずに安楽往生できる」という霊験がある阿弥陀さまとなり、阿日寺の本尊としてまつられている。

また、源信は父のために大日如来像を彫り、それもまつられている。「阿日寺」という寺名は、母のための阿弥陀さまの「阿」と、父のための大日如来さまの「日」をとってつけられたものだ。

七月十日の源信の命日には「恵心忌」として大法要が行なわれ、祈祷を受けにくる参詣者でにぎわう。祈祷者には「浄衣《じょうえ》」と呼ばれる晒布《さらしぬの》がいただける。**浄衣札（封筒に入った状態）を一年間、寝室の天井に貼ったり、枕元に置く、身に着ける、仏壇に供えるなどして、浄衣札に向かって毎日朝夕に念仏を十遍となえる。**それにより、長寿ぽっくり往生のご利益があるそうだ。念仏のとなえ方は教えていただける。

翌年の恵心忌には、**前年の浄衣札をお寺に返して一年間のお礼をして、新しいものをいただく**。浄衣札は郵送でも受け付けている。

浄衣札　祈祷料3000円

極楽浄土をあらわす本堂の欄間彫刻

父のために彫った大日如来

阿日寺は二上山を望んで建つ

阿日寺

宗派：浄土宗
所在地：奈良県香芝市良福寺361
電話番号：0745-76-5561
拝観時間：境内拝観自由
※本堂の拝観は要事前予約（水曜定休）
交通：近鉄大阪線五位堂駅下車、徒歩17分。近鉄南大阪線二上神社口駅下車、徒歩17分。JR和歌山線五位堂駅下車、徒歩19分

大和《やまと》ぽっくり信仰のひとつ　傘堂《かさどう》

三度お参りすれば願いがかなう〝傘堂弥陀《かさどうみだ》〟

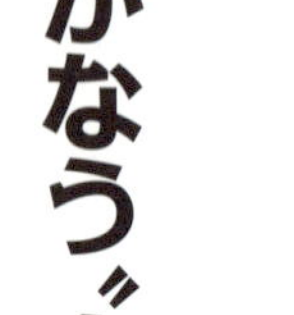

阿弥陀さま

奈良県葛城市

傘堂は左甚五郎が造ったといわれる（上）
傘堂弥陀は石光寺にまつられている（右）

傘堂は、江戸時代前期一六七四（延宝《えんぽう》二）年に大和郡山《やまとこおりやま》城主本《ほん》多政勝《だまさかつ》の供養のために建立された影堂《ようどう》（御影や位牌をまつるお堂）だ。政勝は、飢饉に苦しむ地元民のために灌漑池の築造に尽力した。その大池は現在も傘堂の西側にあり、水をたたえている。

傘堂は総檜造《ひのきづくり》で、真柱一本で宝形造《づくり》の屋根を支える様相が傘を広げた形そっくりなので、昔からそう呼ばれていた。

傘堂の真柱の上部には位牌と阿弥陀如来像をまつるところがある。ここにまつられていた〝傘堂弥陀〟は現在、傘堂から十分ほど歩いた石光寺《せっこうじ》に保管されている。

昔から**「傘堂に三度祈願すれば、長患いによる下《しも》の世話を人にかけず、自分も苦しむことなく、また命終わるときは雨が降らず、これまた人に迷惑をかけることもない」**という傘堂信仰があり、それが現代の長寿ぽっくり信仰につながっている。

近くには練供養《ねりくよう》で知られる當麻寺《たいまでら》があり、当時から毎年五月十四日の練《ねり》供養《くよう》会式《えしき》（74頁）の日には「當麻れんぞ」といって、地元の農家の人たちが春休みをかねて傘堂をお参りし、そのあとに當麻寺の練供養に出向いて大変なにぎわいだったそうだ。現在でもその日には傘堂に石光寺から傘堂弥陀が移されて法要が行なわれ、多くの参詣者が集まる。

　傘堂をお参りする際は、まず石光寺にお参りするとよい。新しい肌着やガーゼのハンカチを持参すれば、それに納経印を受けられる。それを持って傘堂に詣でる。

　傘堂でのお参りの仕方は、**納経印を受けた肌着などをおなかあたりの衣服にはさみ、傘堂の柱におなかをつけて三回まわる**。その肌着などを枕や布団の下に敷いて寝るとご利益があるという。三回詣でれば満願、四回目にお礼参りをするとよい。

傘堂の真柱の上部に傘堂弥陀を安置する

傘堂

所在地：奈良県葛城市新在家
電話番号：0745-48-2811
（葛城市観光協会）
拝観時間：拝観自由
交通：近鉄南大阪線二上神社口駅下車、石光寺まで徒歩15分。石光寺から傘堂まで徒歩10分
※石光寺　電話番号0745-48-2031

〔周辺散策〕

　傘堂弥陀を預かる**石光寺**（浄土宗）も、ゆっくりお参りしたい。山号を「慈雲山《しうんざん》」といい、天智天皇の時代に、光を放つ石に弥勒仏《みろくぶつ》を彫って本尊にしたという名刹だ。奈良時代の中将姫《ちゅうじょうひめ》伝説の「染の井」「糸掛桜」なども現存する。ボタン、シャクヤクが見事な関西花の寺霊場第二十番札所でもある。近年、開山当時の石仏が出土して話題になった。

石光寺の山門

導き観音さま。練供養会式は毎年５月14日午後４時から

中将姫剃髪《ちゅうじょうひめていはつ》のお堂　當麻寺《たいまでら》　中之坊《なかのぼう》

肌着祈祷で安心をいただく〝導き観音〟

観音さま

奈良県葛城市

東海・近畿

古来から神聖な山として崇《あが》められていた二上山のふもとにある二《に》上山《じょうざん》當麻寺《たいまでら》は、飛鳥白鳳《あすかはくほう》時代に創建された古刹だ。当初の本尊は弥勒菩薩《みろくぼさつ》だったが、天平時代に中将姫《ちゅうじょうひめ》が織ったという當麻曼陀羅《たいまんだら》（国宝）が信仰の中心となっている。現在は、高野山真言宗と浄土宗の兼宗という珍しいお寺でもある。

中之坊は當麻寺で一番古い塔頭《たっちゅう》寺院だ。當麻寺開創に伴い、役《えんの》行者《ぎょうじゃ》が修行道場として建立したもので、以後當麻寺住職の住坊「中院御坊」となっていた。中之坊の本尊は、中将姫を手引きした「導き観音」として信仰を集める十一面観音菩薩立像だ。

中将姫は藤原家の娘であったが、継母に妬まれて何度も命を狙われる。十六歳のある日、二上山に沈む夕陽に阿弥陀仏の姿と極楽浄土を見た姫は、観音さまの導きによって當麻寺に入り、剃髪して尼僧となった。その後、あの日に見た極楽浄土の光景を、五色の蓮の糸によって織りあらわしたのが、當麻曼荼羅だ。姫が二十九歳のと

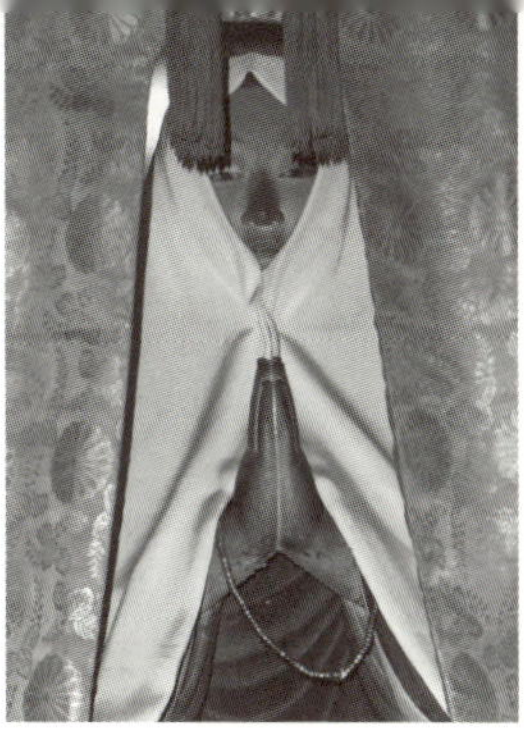
中将姫。法名は「法如」

きに、生身の阿弥陀仏が二十五菩薩を引き連れて現れ、姫は西方極楽浄土へと旅立った。これが中将姫伝説だ。當麻寺で毎年五月十四日に行なわれる練供養《ねりくよう》会式《えしき》は、中将姫の現身往生を再現する儀式で、全国で行なわれている練供養の発祥といわれる。

中之坊の導き観音は、中将姫が後世の女性の幸福を祈られたことから、とくに良縁や安産、下《しも》の病や婦人病平癒に霊験がある女性の守り本尊といわれている。中之坊では肌着を持参すれば導き観音御宝印（91頁）を受けられる。また、導き観音の御前で肌着祈祷も行なっている（要事前予約）。

また、その名のとおり、迷ったときに行くべき道を示してくださる観音さまとして、進学・就職・結婚など人生の節目にお参りするとよいといわれている。

本堂の中将姫剃髪堂。裏には髪塚がある

◆大和十三仏霊場　第六番　弥勒菩薩
◆大和七福八宝めぐり　布袋尊

當麻寺 中之坊

宗派：高野山真言宗（別格本山）
所在地：奈良県葛城市當麻1263
電話番号：0745-48-2001
拝観時間：9時～17時
交通：近鉄南大阪線当麻寺駅下車、徒歩15分
拝観料：500円

http://www.taimadera.org/

〔周辺散策〕
當麻寺は、国宝・重要文化財の宝庫だけにじっくり時間をかけて拝観したい。本堂である国宝の曼陀羅堂をはじめ、日本最古の弥勒菩薩をまつる金堂、阿弥陀如来をまつる講堂、東西二基の三重塔、日本最古の梵鐘など、ため息の出るほどの文化財が境内の随所に配置されている。

本尊の千手観音さま（左）と聖観音さま（右）。約180センチある

奥琵琶湖観音路の古刹　赤後寺《しゃくごじ》

戦乱の時代に村人たちが守った〝ころり観音〟

滋賀県長浜市

琵琶湖北部地域は「観音の里」と呼ばれるように、古い観音さまがたくさん残っている。長浜市高月町の唐喜山《からきさん》 赤後寺《しゃくごじ》もそのひとつだ。奈良時代の名僧 行基《ぎょうき》が開いたと伝えられる。いまは地元の住民が持ち回りで管理している。

観音さま二体は平安時代初期の作で、国の重要文化財に指定されている。両方とも手足の先が欠け落ちていて全身が傷だらけだ。その昔、戦乱を避けるために村人たちが川底に隠すなどして観音さまを守ったときに負った傷だ。村人たちは、観音さまの痛ましい姿を人々に見せられないとして長年秘仏になっていた。しかし、一九六九（昭和四十四）年に文化財に指定されたのを機に一般公開されるようになった。

この観音さまは古来より、安産、眼病、転利《てんり》にご利益があると伝えられていた。転利とは、「厄を転じて利となし、私利を転じて衆利となす」という意味で、開運をあらわす。いつしか

写真提供：高月観音の里歴史民俗資料館

観音さまの厨子は安土桃山時代の作

【周辺散策】

高月駅から徒歩5分の**向源寺**《こうげんじ》（渡岸寺《どうがんじ》観音堂）には、ぜひ立ち寄りたい。本尊は、全国に七体だけという国宝の十一面観音像のひとつ。そのなかで最も美しく、日本の仏像の最高傑作といわれている。

また、観音堂のすぐ近くには**高月観音の里歴史民俗資料館**がある。

転利が〝ころり〟となり、この観音さまを信仰する者は、天寿をまっとうしたうえで何の苦しみもなく極楽往生できるとして広く人々に知られるようになった。

毎年七月十日の千日会《せんにちえ》法要には、全国から多くの人が訪れる。この日にお参りすれば、千日分の功徳があるといわれている。

それ以外の日に観音さまを拝観したい場合は、専用携帯電話（〇九〇―三一六四―七四八六）に連絡すると、すぐに来て案内してくれる。

多くの参詣者が求めていくのが祈祷された転利《ころり》の糸（91頁）だ。普通の裁縫に使う糸だが、**足に巻いておくと、転倒防止や、つまずいても足を痛めない**というご利益があるそうだ。また、糸を持参して祈祷をお願いし、返送してもらう人もいる。

赤後寺の本堂。日吉神社の鳥居をくぐって石段を上ったところにある

◆江州伊香三十三所十五番札所

赤後寺

所在地：滋賀県長浜市高月町唐川1055
専用携帯電話番号：090-3164-7486
拝観時間：9時～16時
交通：JR北陸本線木ノ本駅より車で10分。
　　　高月駅より車で12分
拝観料：300円（7月10日は無料）

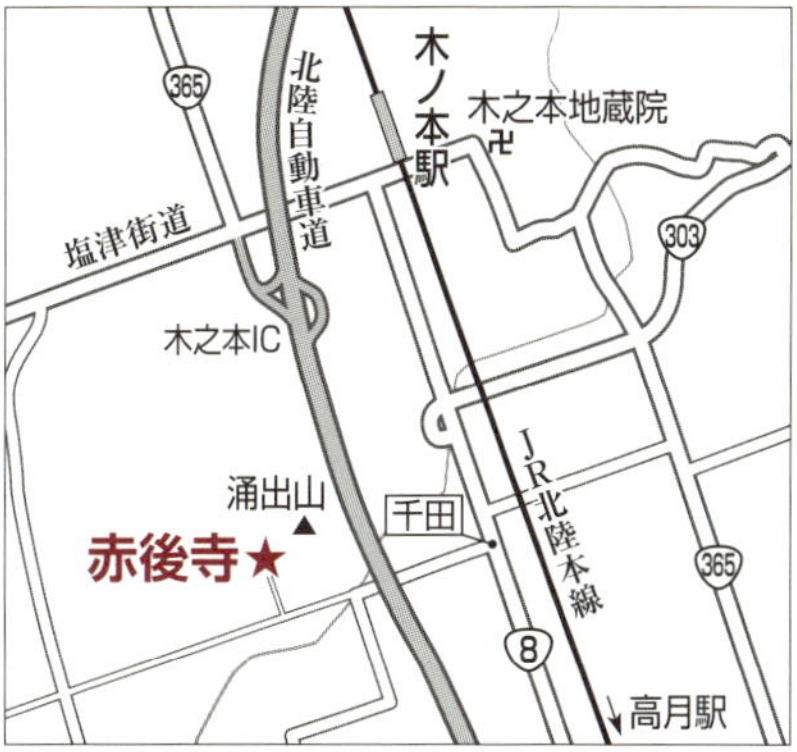

東海・近畿

本尊の阿弥陀如来と二十五菩薩。楽器を手にした菩薩の姿も見える

那須与一《なすのよいち》ゆかりの名刹　即成院《そくじょういん》

即・願いを成・就してくれる〝阿弥陀さま〟

阿弥陀さま

京都市東山区

東海・近畿

皇室の菩提所であり、「御寺《みてら》」として人々から崇《あが》められる泉《せん》涌寺《にゅうじ》。光明山《こうみょうざん》即成院《そくじょういん》はその塔頭《たっちゅう》寺院で、泉涌寺の総門脇に境内を構える。平安時代に浄土の教えを究めた名僧恵心僧都《えしんそうず》源信《げんしん》が京都伏見に開いた光明院がお寺の始まりだ。その後、さまざまな変遷を経て明治時代に現在の地に移った。

本尊は平安時代末期に造られた阿弥陀如来。本尊とそれを取り囲む二十五菩薩の仏像群は、極楽浄土から私たちを来迎してくれる様子を立体的にあらわしている。これほどの仏像群が現代にそのまま残されているのは貴重であり、国の重要文化財に指定されている。即成院では、ぜひ〝現世極楽浄土〟を体験してほしいと、本堂内陣に入っての拝観が許されている。

また、**本尊の前にあるお香水《こうずい》（番茶）がいただける。病人に飲ませると安らかに往生できる**と伝えられている。

即成院は、「平家物語」の屋島合戦のヒーローであり、弓の

写真提供：即成院

10月第３日曜には、二十五菩薩お練り供養が行なわれる

名手として名高い那須与一《なすのよいち》のゆかりの寺である。与一は関東から源 義経《みなもとのよしつね》のもとへ駆けつけたが病に冒され、伏見で療養していた。そのとき、この阿弥陀さまに祈願して病気が治り、屋島合戦では一本の矢で船上の扇の的を打ち落とすという大きな功績を立てることができた。その後、与一は出家して即成院に庵《いおり》を結び、そこで没した。本堂裏手には与一のお墓と伝えられる石造宝塔がある。

　即成院は、与一が病気平癒と大願成就という二つの大きなご利益をいただいたことから、この世を元気で過ごし、最後の大願として、長患いせずに極楽往生できるというポックリ信仰に結びついたようだ。その願いを抱いて参拝する人も多い。また、近年は「願いが的へ命中する」ということで合格祈願のお寺としても知られている。

〔周辺散策〕

　即成院と同じく泉涌寺の塔頭寺院の**今熊野**《いまくまの》**観音寺**《かんのんじ》は、ぼけ封じ近畿十楽観音霊場（149頁）第一番札所となっているので、あわせてお参りしたい。大師堂前のぼけ封じ観音さまをお参りし、ご祈祷された枕宝布（枕カバー）を求めるとよい。

那須与一のお墓と伝えられる石造宝塔

即成院

宗派：真言宗泉涌寺派
所在地：京都市東山区泉涌寺山内町28
電話番号：075-561-3443
拝観時間：９時〜17時
交通：JR京都駅より市バス泉涌寺道下車、徒歩５分。JR奈良線・京阪本線東福寺駅下車、徒歩10分
拝観料：本堂内陣500円

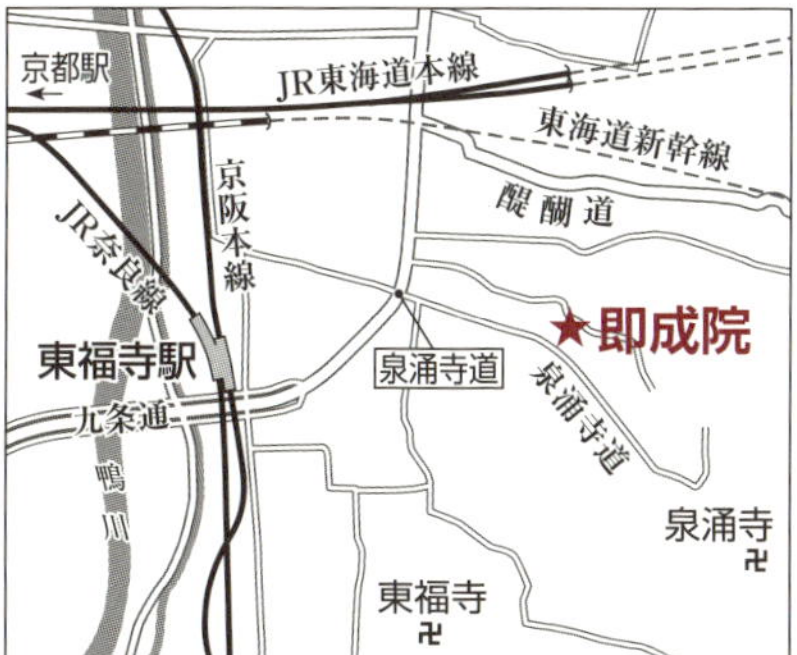

http://www.gokurakujyoudo.org/

日限地蔵尊。金銅の座像で高さが2.6メートルもある

門前の大提灯が目印　安祥院《あんしょういん》

昆布と茄子《なす》が好物の〝日限《ひぎり》地蔵尊〟

京都市東山区

清水寺《きよみずでら》へ向かう五条坂の途中、「日限地蔵尊《ひぎりじぞうそん》」と書かれた大きな提灯が掛けられた山門がある。ここが、京都市民から〝日限《ひぎり》さん〟と呼ばれ親しまれている東山《とうざん》 木食寺《もくじきでら》 安祥院《あんしょういん》だ。

平安時代中期に朱雀《すざく》天皇の勅願により京都の南に創建された天台宗のお寺だが、鎌倉時代に浄土宗の念仏道場となり安祥院と改名。江戸時代一七二五（享保《きょうほう》十）年に木食《もくじき》僧の正禅《しょうぜん》によって再興され、現在の地に移された。木食僧とは木の実や草だけを食べて修行する僧のことで、正禅は社会土木事業に大活躍した名僧として知られている。また、京都六阿弥陀巡拝も正禅によって創設された。

日限地蔵尊は、本堂に向かって左手の地蔵堂に安置されている延命地蔵菩薩だ。本尊である阿弥陀さまの極楽浄土に往生するためにはお地蔵さまの導きが必要なことから、正禅が霊元法皇《れいげんほうおう》から寄進された白銀や銅鏡などで鋳造したと伝えられる。

日限というのは、**願掛けをする人が願い事をかなえていただきた**

東海・近畿

外の喧噪から離れた静かなたたずまいの安祥院

い日を決めてお参りすること。すると、その願い事は必ずかなうといわれている。開運、厄除け、安産などさまざまなご利益があるが、高齢者が増えて極楽往生のお寺であることから、ぽっくり往生をお願いする方が多くなったようだ。

お地蔵さまに願掛けするときには、**涎掛《よだれか》けと好物の昆布と茄子《なす》を供えるとよい**といわれている。安祥院では地蔵御膳が用意されている。一カ月間毎日の日供《にっく》と地蔵縁日だけの月供《がっく》があり、願主の名前を添えて日限地蔵尊にお供えしてもらえる。また、ご住職に願い事を日限地蔵尊に取り次いでいただく「七日間ご祈願」がある。祈願をお願いすると、加藤泰雅住職は三十分ほど時間をかけて願い事や悩みを聞いてくださる（要事前予約）。人生相談のようで、悩みを話すだけで心が落ち着くと評判だ。

〔周辺散策〕

左京区にある**真如堂**《しんにょどう》（真正極楽寺《しんしょうごくらくじ》、天台宗）は、京都六阿弥陀巡拝の第一番札所だ。とくに女性を救ってくださる〝うなずきの弥陀〟で知られている。11月に行なわれるお十夜法要の小豆粥《あずきがゆ》をいただくと、中風や下《しも》の世話にならずに極楽往生できるといわれている。

日限地蔵尊の前にはたくさんの地蔵御膳がお供えされている

◆京都六阿弥陀巡拝　第四番札所

安祥院

宗派：浄土宗
所在地：京都市東山区遊行前町560
電話番号：075-561-0655
拝観時間：8時～16時
交通：JR京都駅より市バス五条坂下車、徒歩5分。京阪本線清水五条駅下車、徒歩13分

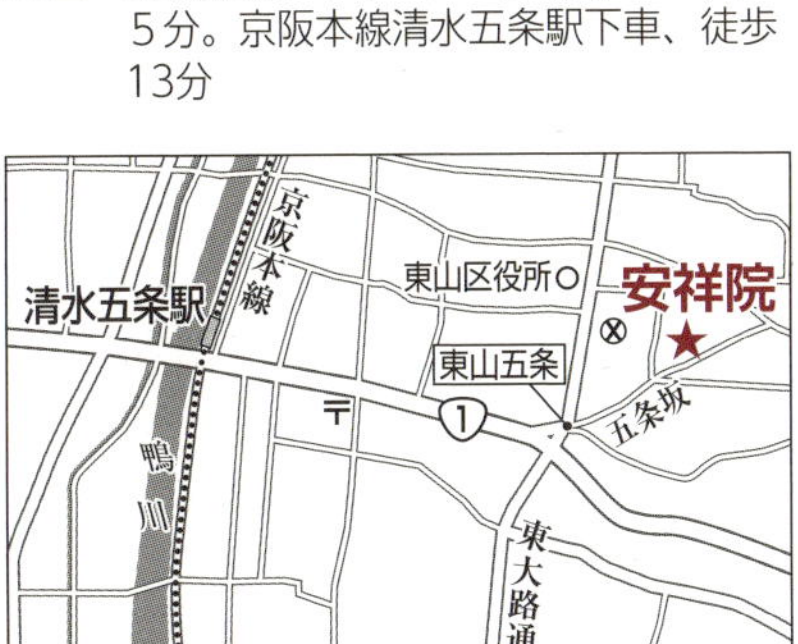

東海・近畿

正面が八坂庚申堂（本堂）。くくり猿が至るところに吊されている

庚申《こうしん》信仰発祥の地　八坂庚申堂《やさかこうしんどう》

〝くくり猿〟に託して元気で長生きを願う

その他

京都市東山区

東海・近畿

京都東山の八坂の塔の隣で、いつもにぎわっている八坂庚申堂《やさかこうしんどう》。正式名称は「大黒山《だいこくさん》　延命院《えんめいいん》　金剛寺《こんごうじ》」といい、天台宗のお寺だ。日本最初の庚申信仰の霊場であり、大阪四天王寺庚申堂、東京入谷《いりや》庚申堂（廃寺）が日本三庚申といわれている。

庚申堂の本尊は青面金剛《しょうめんこんごう》。この仏さまは夜叉《やしゃ》の姿をしており、お釈迦さまと阿弥陀さまとお薬師さまの三人が乱世の人々を救うために相談、その結果としてこの世に現れたという。「庚申さま」と呼ばれ、次のような庚申信仰がある。

庚申《かのえさる》の日の夜、人間の体の中にいる三尸《さんし》（三匹）の虫は、人が寝ている間に体から抜け出して、その人の悪行を寿命をつかさどる天帝に告げ口に行く。だから、この夜は皆で集まって寿命が縮まないように寝ずに明かす風習ができた。そして庚申さまはこの虫を食べてくれると考えられ、庚申さまに祈願すればどんな願いもかなうといわれるようになった。平安時代に浄蔵貴所《じょうぞうきしょ》が、誰でも庚申さまをお参りできるようにこの地に建立したのが八坂庚申堂というわけだ。

浄蔵貴所は当代随一の修験者で、傾いた八坂の塔を霊力によってまっすぐに直したなどの伝説がある。八坂庚申堂では、浄蔵貴所が亡くなった自分の父親を生き返らせたときの祈祷法にならって、病気封じの「こんにゃく祈祷」や、下《しも》の世話にならず元気に過ごすための「タレコ封じ」の祈祷が行なわれている（通信祈祷も可能）。

八坂庚申堂といえば、「くくり猿」が有名だ。猿が手足をくくられて動けない姿のお守りで、欲のままに動きまわる猿を〝人の心〟の象徴として、庚申さまにくくりつけて心をコントロールするという意味がある。願い事をかなえるためには、欲を一つだけ我慢して、くくり猿に念じるとよいそうだ。

京都東山のランドマーク
八坂の塔

朱色の山門には庚申の日が掲げられている

本堂正面には三猿の彫刻もある

◆日本三庚申のひとつ

八坂庚申堂

宗派：天台宗
所在地：京都市東山区金園町390
電話番号：075-541-2565
拝観時間：9時～17時
交通：JR京都駅より市バス清水道下車、徒歩3分。京阪本線清水五条駅下車、徒歩15分

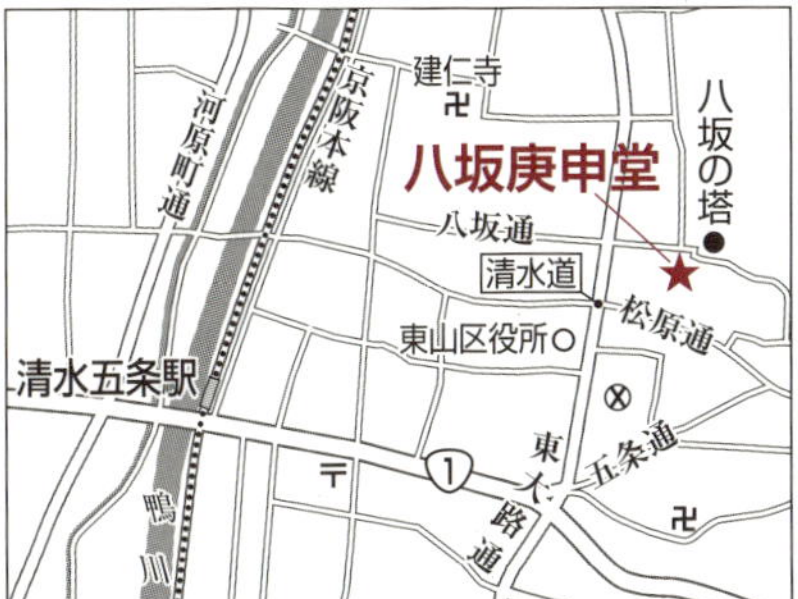

http://www.geocities.jp/yasakakousinndou/

一願一言地蔵。鼻の先が欠けているが、衣のひだなど彫りが細かい

日本三景のひとつ天橋立《あまのはしだて》を望む
成相寺《なりあいじ》

どんな願いもかなえてくれる〝一願一言《いちがんひとこと》地蔵〟

お地蔵さま

京都府宮津市

西国三十三観音霊場最北端の成相山《なりあいさん》 成相寺《なりあいじ》は、天橋立《あまのはしだて》を見おろす鼓ケ岳《つつみがだけ》（成相山）の中腹にある。丹後の観光拠点である天橋立駅から船・ケーブルカー・登山バスを乗り継いで行くと、天橋立のさまざまに変化する風景を堪能できる。

もともとは山岳修験道場で、千三百年前に文武《もんむ》天皇の勅願により創建された。本尊は「身代わり観音」と呼ばれる平安時代に造られた木造の聖観音菩薩《しょうかんのんぼさつ》だ。

寺名の由来は、その身代わり観音さまの伝説による。

その昔、一人の修行僧が雪深いこの山で餓死寸前になった。このとき、お堂の観音さまに「今日一日生きる食物をお恵みください」と祈ると、外に狼に追われた鹿が倒れ着いた。僧は背に腹はかえられず肉食の禁戒を破って、鹿の腿肉《ももにく》を鍋にして食べて山を降りることができた。その春、

本堂は江戸時代中期の再建

里の人たちがお堂を開けてみると、観音さまの腿が切り取られ、その木くずが鍋に入っていた。それを知らされた僧は観音さまが身代わりになって助けてくれたことを悟り、木くずを拾って観音さまの腿につけると元どおりに戻った。そのことから、「願う事成り合う寺＝成合（相）寺」と名づけたという。美人になれる「美人観音」としても名高いが、三十三年に一度開帳の秘仏となっている。次の開帳は二〇三八年だ。

　さて、成相寺のぽっくりさんは、本堂に続く石段の左手に安置されている一願一言《いちがんひとこと》地蔵だ。六百年以上前に蓮華座からすべて一石から造られた石像で、**一つの願い事を一言でお願いすれば、どのようなことでも必ずかなえてくださる**と伝わる。ぽっくり安楽往生もかなえられるといわれ、それを願ってお参りする参詣者も多い。

〔周辺散策〕

　成相寺へ行く際のケーブルカー乗り場の近くにある**籠《この》神社**もぜひお参りしたい。伊勢神宮の豊受大神《とようけのおおかみ》はこの籠神社から移されたもので、この地は「お伊勢さんのふるさと」といわれる。天橋立は本来、籠神社の参道だった。

天橋立と五重塔。鎌倉時代の様式で復元

◆西国三十三観音霊場　第二十八番札所

成相寺

宗派：橋立真言宗
所在地：京都府宮津市成相寺339
電話番号：0772-27-0018
拝観時間：8時～17時
交通：北近畿タンゴ鉄道宮津線天橋立駅より車で25分、または船・ケーブルカー・登山バスで50分
入山料：500円

http://www.nariaiji.jp/

明石《あかし》藩主歴代の菩提所 長寿院《ちょうじゅいん》

大王松《だいおうしょう》の〝松ぼっくり〟で大往生!?

お釈迦さま

兵庫県明石市

釈迦涅槃像と住職。後ろには涅槃図と『発願文』が掲げられている

明石《あかし》市といえば、日本標準時の基準を刻む子午線《しごせん》（東経百三十五度）の通る「時のまち」。そのシンボルである明石市立天文科学館のすぐ南側にあるのが松巌山《しょうがんざん》 長寿院《ちょうじゅいん》だ。江戸時代前期の一六二七（寛永《かんえい》四）年に禅寺として開山。その後、一七一六（享保《きょうほう》元）年に明石藩主松平家の庇護《ひご》を受けて浄土宗西山禅林寺派のお寺となり、「長寿院」と改名された。境内には明石藩主歴代の御廟所がある。

このお殿様のお寺がぽっくり往生のお寺として知られるようになったのは、現在の鶴岡泉礼《つるおかせんれい》住職の斬新なアイデアによる。というのは、本山の永観堂禅林寺《ようかんどうぜんりんじ》（京都市左京区）から先代が枝を移植した大王松《だいおうしょう》がある。この松は珍しい三本の松葉がつき、高さ二十センチ、直径十センチにもなる大きな松ぼっくりができる縁起物だ。奇しくも、大王松の花言葉は「不老長寿」だという。

そこで、お寺の東山門（正門）をくぐったすぐ右手に釈迦涅槃像をまつり、「元気（G）で長生き（N）＝長寿院」「ぽっくり大往生（P）＝大王松の松ぼっくり」――GNP祈願のお寺と名乗ったのだ。ダジャレまじりではあるが、ぽっくり往生を願う人たちにはありがたいお寺として参詣者が増えつづけている。

釈迦涅槃像の前で安楽往生を祈る『発願文《ほつがんもん》』をとなえ、大王松の脇にある延命長寿観音像をお参りするとよい。GNP祈願をしていただくと大王松の松ぽっくり祈願札「ぽっくりお涅槃」や三本の松葉のしおりをいただくことができる（92頁）。それを枕元におまつりし、夜寝る前に安楽往生を願い、朝目覚めたら無事に今日を迎えられたことに感謝するとGNPがかなうという。

明石藩主第十五代松平斉宣の御霊屋と歴代の墓石が並ぶ

〔周辺散策〕
すぐ隣の**明石市立天文科学館**には、ぜひ訪れたい。時計塔の展望室からは、明石海峡大橋、播磨《はりま》灘《なだ》、六甲山系の山々など360度の大パノラマが楽しめる。毎日5回、プラネタリウムの投影もある。

東山門（正門）。「弥栄（いやさか）の門」の扁額が掲げられている。右奥に明石市立天文科学館の時計塔が見える

長寿院

宗派：浄土宗西山禅林寺派
所在地：兵庫県明石市人丸町2-26
電話番号：078-911-5937
拝観時間：境内拝観自由
交通：山陽電鉄本線人丸前駅より徒歩２分。
JR山陽本線明石駅より徒歩12分

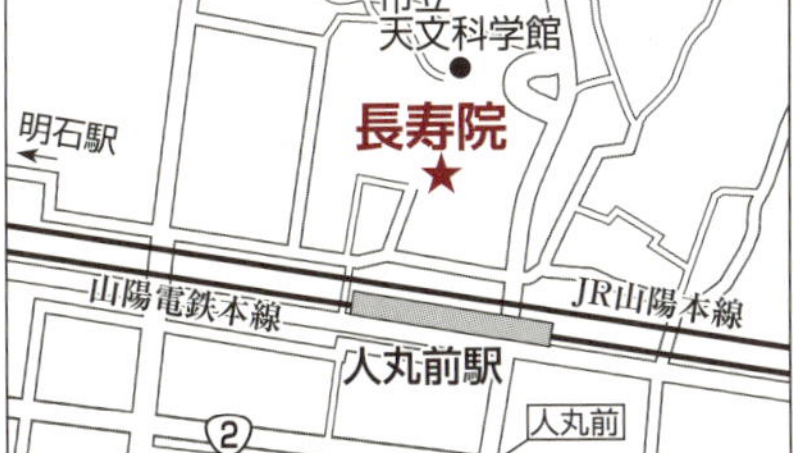

http://www.geocities.jp/cyoujuin/

修験道のお寺　伽耶院《がやいん》

草ひきの入山料が楽しい〝仲よしポックリさん〟

お地蔵さま

兵庫県三木市

かわいい仲よしポックリさん

「大化の改新」の年である六四五年に法道《ほうどう》仙人が毘沙《びしゃ》門天《もんてん》のお告げによって開いたと伝わる大谷山《おおたにさん》 大谿寺《だいけいじ》伽耶院《がやいん》は、山岳修験道のお寺だ。古くは「大谿寺《だいけいじ》」「東一坊《とういちぼう》」と記録にあるが、江戸時代一六八一（天和《てんな》元）年にインドの仏陀伽耶《ブッダガヤ》（お釈迦さまが悟りを開いた地）にちなんで「伽耶院」という寺名を後西《ごさい》上皇から賜った。

伽耶院では毎年体育の日に採燈大護摩《さいとうおおごま》が行なわれ、山伏《やまぶし》姿の修験者が大勢集まり、全山にホラの音がこだまする。

本堂、多宝塔、鎮守三坂明神社《みさかみょうじんじゃ》、毘沙門天立像などが国の重要文化財の指定を受けており見どころは多いが、伽耶院では**「一人につき草ひき十本」を奉仕**することで入山料としている。参詣して仏さまに出会っ

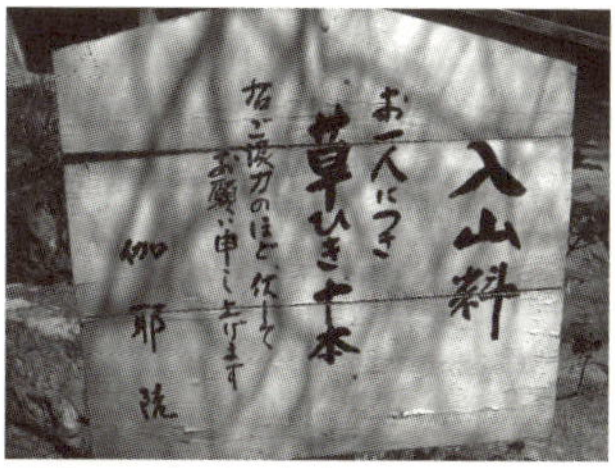

歴史あるお寺だが親しみを感じさせる

てもらうのが一番ありがたいという、お寺の気持ちのあらわれだろう。

伽耶院の境内には、〝仲よしポックリさん〟といわれる二体の石仏がまつられている。これはお寺がポックリ信仰として建てたものではない。元気で長生きして、本当にポックリ往《い》ってしまったおばあちゃんをしのんで家族が寄進したもの。それがいつしかポックリ地蔵さんになって、賽銭《さいせん》があがるようになったのだという。

仲よしポックリさんの横には「下《しも》の世話にはなりとうないといっておられたやぶなかのおばあちゃんは92才で亡くなられる直前まで草引きそうじと働き続けられ、まえだのおばあちゃんは三日間だけしもの世話になって95才で旅立たれました」と味わいのある立て札が立っている。

〔周辺散策〕

伽耶院から北へ2キロほどにある**グリーンピア三木**は、広大な敷地内にホテル、レストラン、日帰り温泉施設、レクリエーション・スポーツ施設などを有する総合リゾートだ。なかでも、森林浴をしながら温泉を楽しめる**「森の湯」**はおすすめ。

金堂（本堂）と多宝塔。どちらも江戸時代前期の建物で国の重要文化財

◆新西国霊場　第二十六番札所

伽耶院

宗派：本山修験宗
所在地：兵庫県三木市志染町大谷410
電話番号：0794-87-3906
拝観時間：境内拝観自由
交通：神戸電鉄粟生線緑が丘駅よりバス伽耶院口下車、徒歩10分（車で25分）
入山料：1人につき草ひき10本

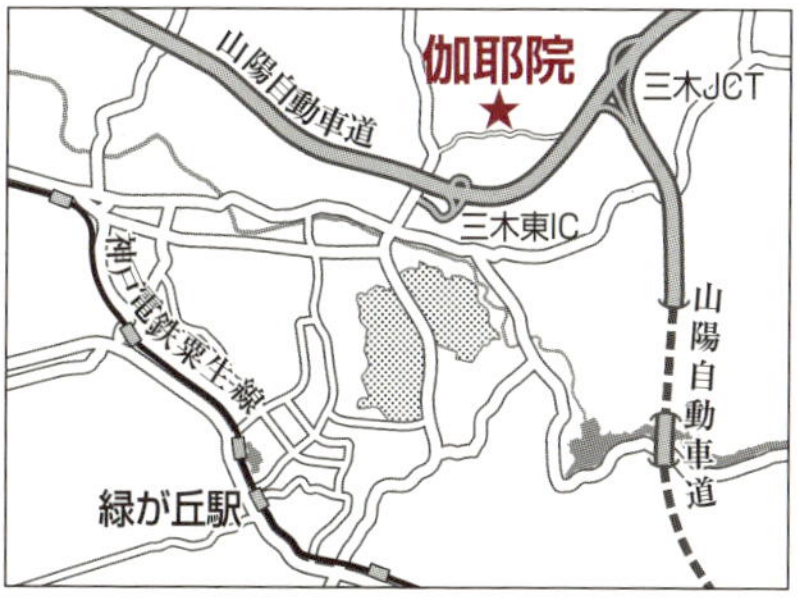

観世音寺 風天洞 （P.56）
無病パンツ「延寿」　1000円

遍照院 （P.62）
健康長寿・老人ボケ封じ
祈願念珠　1000円

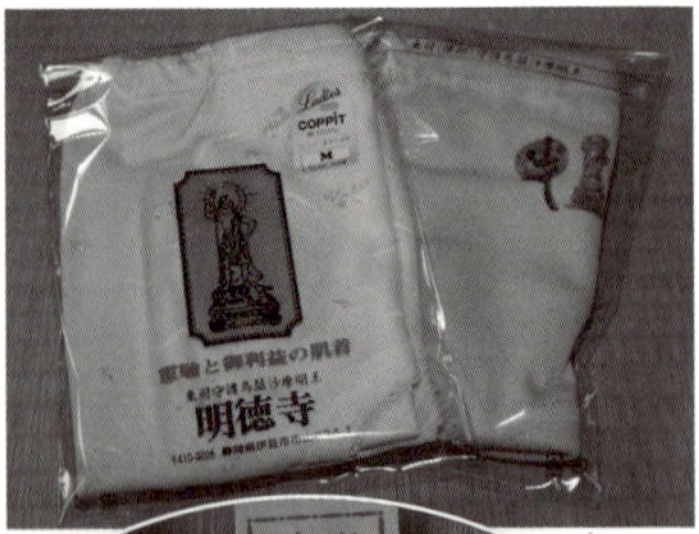

明徳寺 （P.52）
烏枢沙摩明王祈祷肌着　700円～
ぼけ封じ等お守り各種　300円～
東司（トイレ）守護の絵馬　400円

見性寺 （P.54）
ぽっくりさん祈願絵馬　500円
輔苦離往生仏御朱印　300円
輔苦離往生祈祷札　＊ご祈祷を受
　けるといただける（5000円）

東海・近畿のお守り＆ご利益グッズ

當麻寺 中之坊（P.74）
導き観音息災御守　500円
導き観音御宝印　300円

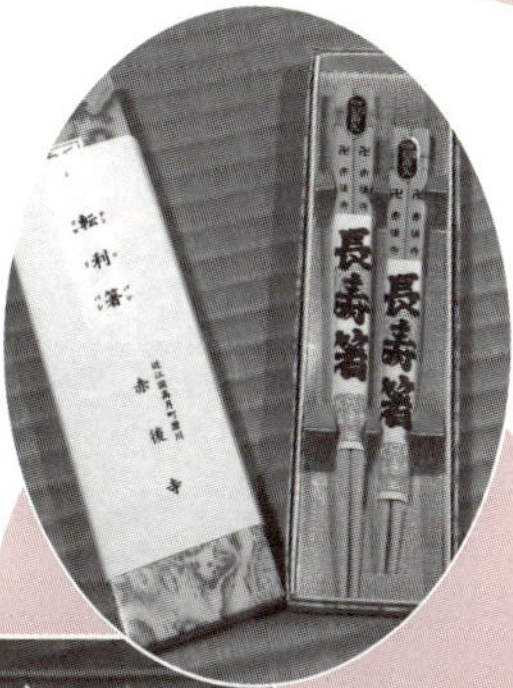

赤後寺（P.76）
転利箸（夫婦箸）　400円
転利の糸　300円
転利お守り　500円

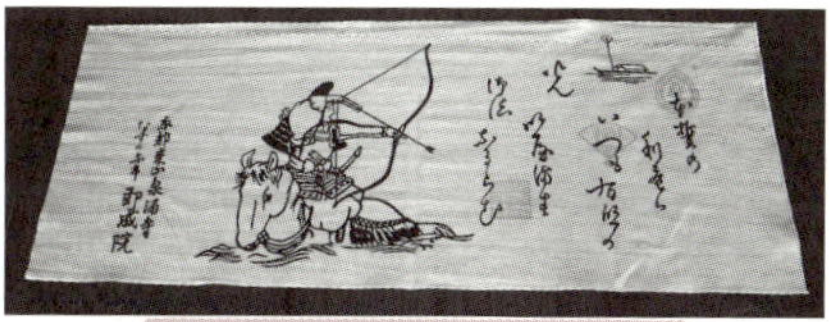

即成院（P.78）
那須与一の手ぬぐい　500円
Tシャツ各種（祈願済み）　2500円
願い扇　3000円（朱字で願い事を書いて那須与一石造宝塔に奉納する）

東海・近畿のお守り＆ご利益グッズ

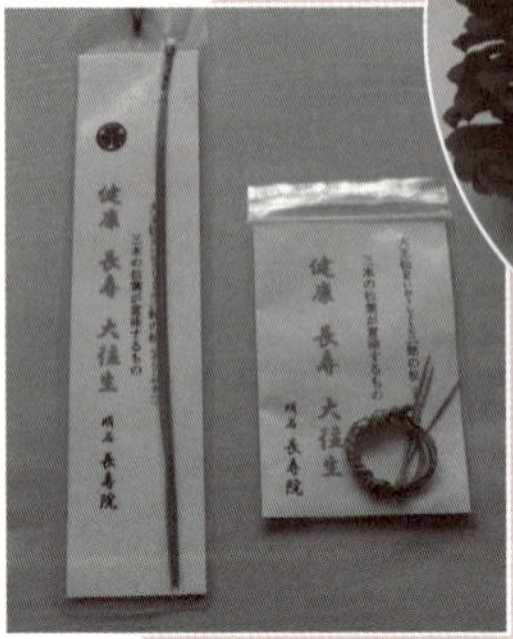

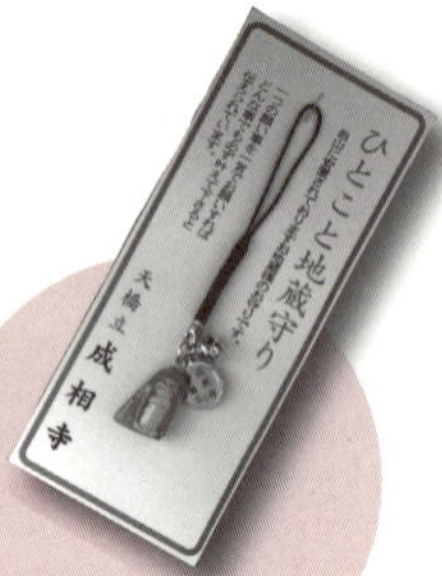

成相寺（P.84）
ひとこと地蔵守り700円

長寿院（P.86）
大王松の松ぽっくり祈願札「ぽっくりお涅槃」
大王松の３本の松葉のしおり
＊ＧＮＰ祈願に参詣すれば、数がある限りいただける

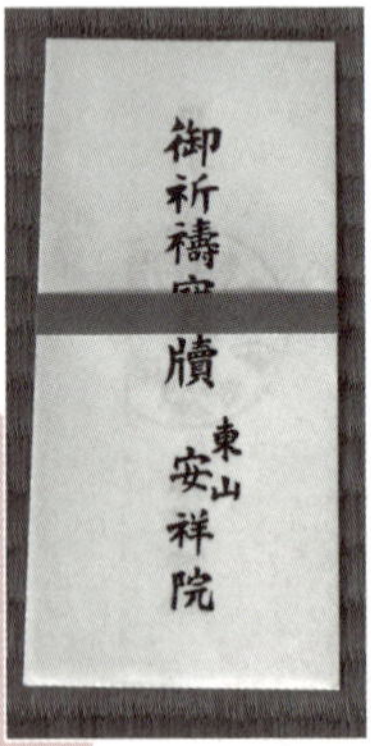

安祥院（P.80）
日限地蔵御祈祷札　＊ご祈祷を受けるといただける（5000円）
金箔三つ折り日限地蔵御影　3500円（御影のみ500円）
金天だるま　一体500円

3

中国・四国・九州の
ポックリ往生パワースポット

行基が十一面観音像を安置したという奥之院は樋之尻山のお山めぐりの途中にある

行基《ぎょうき》が開いた一大観音霊場
嫁《よめ》いらず観音院《かんのんいん》

老後の安心をいただける〝嫁いらず観音〟

観音さま

岡山県井原市

中国・四国・九州

岡山県最西端、井原《いばら》市の西南部に樋之尻山《ひのしりやま》という小高い山がある。この山は、奈良時代の名僧 行基《ぎょうき》が観音霊場として開いたとされている。行基が西国行脚《あんぎゃ》でこの地に滞在した当時、この地方では妖怪悪鬼が棲《す》みつき、人々を苦しめていた。それを知った行基は、観音さまへ祈念。すると観音さまが三十三身に化身して現れて妖怪たちを退治し、この地方は安泰となった。そこで行基は白檀《びゃくだん》の香木に十一面観音像を彫り、樋之尻山の大盤石《だいばんじゃく》の岩陰（現在の奥の院）に安置し、自らも庵《いおり》を構えた。それが樋之尻山 嫁いらず観音院の始まりだ。

地域の安泰を守ってくれる観音霊場ということから、地元住民からの信仰は篤《あつ》く、いつしか「年老いてもいつまでも健康で幸福に暮らし、生涯をまっとうするときは嫁の手をわずらわせることなく往生できる」という霊験があるといわれるようになった。

本堂をお参りしたら、次に樋之尻山の石仏をめぐるお山めぐりで

本尊の十一面観音さま

さらにご利益をいただきたい。これは、順路に従ってめぐれば西国三十三観音にお参りできる十五分程度のコースになっている。頂上付近には、「さすり観音」が安置されている。**自身の悪いところをなでて、観音さまの同じところをなでてお参りすると治してくれる**というご利益がある。

毎月十七日は月例祭、そして春秋彼岸の中日には盛大な例大祭が開かれ、大勢の人が集まる。〝嫁いらず観音〟のお守りとしては、押印された肌着とお札がセットになった「御肌守《おはだまもり》」（115頁）が人気だ。**肌着は実際に身に着けることでご利益がある**そうだ。また、月例祭か例大祭の日に肌着を持参するか、郵送すれば肌守加持《かじ》（七百円）をしていただける。

〔周辺散策〕

嫁いらず観音から井原市街方面へ徒歩3分ほどにある**相原《あいばら》公園**は、岡山県でも知られる桜の名所だ。

例年4月上旬から下旬にかけて約300本のソメイヨシノが美しく咲き誇り、「井原《いばら》桜まつり」の期間中、ぼんぼりによるライトアップも楽しめる。

1999年に開山1260周年と鉄道井原線開業を記念して聖観音菩薩立像が建立された

◆瀬戸内三十三観音霊場　第二十一番札所

嫁いらず観音院

所在地：岡山県井原市大江町1036
電話番号：0866-67-2202
拝観時間：9時～16時
交通：井原鉄道井原線井原駅よりバス嫁いらず観音院下車（車で10分）

仲よく並ぶ　嫁いらず観音・ぼけ封じ観音

周防《すおう》大島の〝巣鴨〟で肌着に願いを込める

観音さま

山口県周防大島町

地元の人々に愛されている嫁いらず観音・ぼけ封じ観音

瀬戸内海西部に浮かぶ周防《すおう》大島は、淡路島、小豆島に次ぐ瀬戸内海で三番目に大きな島だ。本州とは柳井市大畠《おおはた》から周防大橋（約一キロ）でつながっている。

「嫁いらず観音」と「ぼけ封じ観音」がまつられているのは、久賀《くが》八幡《はちまん》地区の薬師堂のそばだ。この薬師堂は、平安時代末期から鎌倉時代に東大寺大仏殿の再建などで大活躍した名僧重源《ちょうげん》が当地に赴いた際に、住民の病気平癒を祈って薬師如来をまつったのが始まりといわれる。薬師堂には三尺五寸（約一メートル）の薬師如来木像が安置されており、「島へんろ」と呼ばれる周防大島八十八ヶ所霊場の第五十二番札所となっている。

薬師堂の周辺には、観音さまの石像が三十三体まつられている。これらは江戸時代前期に建立されたもの。周防周辺の観音信仰に篤《あつ》い豪商や豪農たちが寄進したものだと伝えられている。いつのころからか薬師堂左手、竹藪の丘の小さな祠《ほこら》に並んでいる二体が「嫁いらず観音」と「ぼけ封じ観音」と呼ばれるようになり、「一度お参りすると、観音さまの慈悲によって無病息災で、老後も家族の手をわずらわせることなく極楽往生できる」というご利益をいただけると、参詣者が増えたそうだ。

肌着を持参して観音さまに供えて願い事をし、その肌着を身に着けていれば願いがかない、病気や災難から逃れられるという言い伝えもある。

薬師堂の向かいにある「八幡生涯学習のむら」では、嫁いらず観音・ぼけ封じ観音のお守りやお札などを販売している。お札が添えられた肌着もある（115頁）。

八幡生涯学習のむらには、久賀歴史民俗資料館、久賀陶芸の館、手作りお菓子のお店など複数の施設がある。

周辺にまつられている石仏

嫁いらず観音・ぼけ封じ観音の祠

嫁いらず観音・ぼけ封じ観音

所在地：山口県大島郡周防大島町久賀
電話番号：0820-72-2134
（周防大島観光協会）
拝観時間：拝観自由
交通：JR山陽本線大畠駅よりバス周防八幡下車、徒歩５分（車で25分）

〔周辺散策〕
嫁いらず観音のすぐそばには国指定の重要有形民俗文化財**「久賀《くが》の石風呂」**がある。重《ちょう》源《げん》が諸病に悩む住民のために築造されたサウナ風呂で、西日本最古の風呂といわれる。昭和初期まで湯治場として近隣住民に利用されていたという。

本尊の大往生地蔵尊の前にいらっしゃる〝だっこさん地蔵〟

「ぽっくり」より「ほっくり」と安らかに

〝だっこさん地蔵〟をなでて安楽往生を願う

地福寺《じふくじ》

徳島県藍住町

中国・四国・九州

JR勝瑞《しょうずい》駅から県道14号線を東へ。平成十三年に国の史跡に指定された勝瑞城跡を右手に進み、馬木《うまき》交差点を右折して約三百メートルで地福寺が見えてくる。

門前で赤い前掛けをつけたお地蔵さまが迎えてくれるが、これがぽっくり地蔵さんではない。本尊の地蔵菩薩が、健康長寿、ぽっくり往生のお地蔵さまとして昔から地元住民に信仰されている。

地福寺の正式名称は「景徳山《けいとくさん》 保久利院《ほくりいん》 地福寺《じふくじ》」。四国霊場第一番札所である霊山寺《りょうぜんじ》が管理しているお寺だ。

院号の「保久利」が、まさしく〝ぽっくり寺〟を物語っている。「保久利」とは、久しくご利益を保つという意味で、「ぽっくり」の語源とも伝わる。

ただ、芳村秀全霊山寺副住職は、〝ぽっくり〟より〝ほっくり〟が人間の本来の往生の姿ではないかと言う。

門柱の前にもお地蔵さま

「突然亡くなるというのは、残された家族たちにとって喪失感があります。それより、いただいた命を最後の最後まで使いきって、〝あぁ、もうすぐ往《い》くんだな。おばあちゃん、ありがとう〟と家族たちが納得したときにホクッと往く。そんなほっくり往生を願ってお参りされてはいかがでしょうか」

毎月二十四日はお地蔵さまの縁日になっており、地域の人たちが集まり、祈願法要と法話がある。そのときは、**〝だっこさん〟として親しまれている小さなお地蔵さまを参詣者で回して、自分の身体の心配なところをなでるとご利益がある**という。

お寺では、命をまっとうして安らかに往かれますようにと祈願され、宝印を押した枕カバー（116頁）を用意している。

〔周辺散策〕

藍住町は平安時代から良質な藍《あい》の生産地として知られるだけに、ぜひ藍の生活文化にふれてみたい。

地福寺から南西へ車で10分ほどのところに**藍住町歴史館「藍の館」**がある。ここでは、藍住の歴史と阿波藍について知ることができる。また、ハンカチやストールなどを染める藍染め体験も楽しめる。

地福寺は鎌倉時代の開創。江戸時代中期に当地の永遠の繁栄と住民の息災、延命、大往生を誓願し、中興された

地福寺

宗派：高野山真言宗
所在地：徳島県板野郡藍住町勝瑞西勝地227
電話番号：088-641-0400
拝観時間：境内拝観自由（縁日のみ開堂）
交通：JR高徳線勝瑞駅下車、徒歩15分

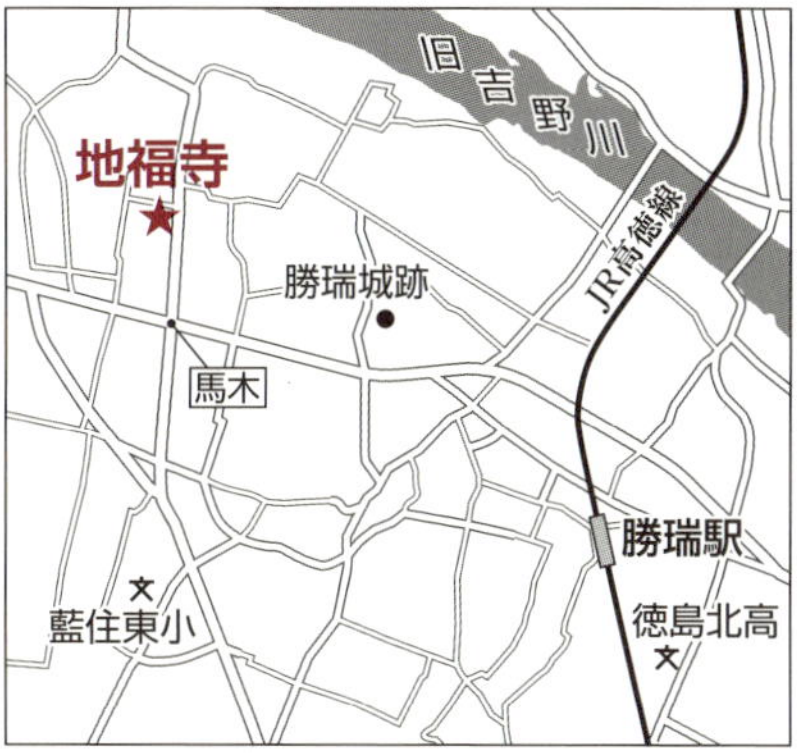

赤いずきんがかわいい　北向《きたむき》地蔵《じぞう》

〝しまいがきれいになる〟と評判

お地蔵さま

高知市
鴨部

土佐道路（国道56号）と呼ばれる幹線道路沿いの能茶山《のうさやま》交差点近くの吹き抜けの小さなお堂に安置されているのが北向地蔵だ。赤い頭巾と掛布にまとわれて姿形はわからないが、やさしいお顔だけが見えている。

現在のお堂は平成二十一年に立て直された。お地蔵さまの前にはいつも花が添えられており、人々から親しまれていることがわかる。世話人の一人、山崎豊美さん（大正十四年生まれ）によると、嫁いだころから「しまいがきれいになる北向地蔵」といわれていたそうだ。「しまいがきれい」というのは、年をとって病気で寝込んだりせず嫁の世話にもならずに〝ぽっくり往生〟がかなうお地蔵さまということだ。

また、この北向地蔵から東南へ車で約十分の高知市神《こう》田《だ》地区には、だるま大師堂がある。このだるまさんは、腰から下の病気にご利益があるといわれることから、「下《しも》の世話にならないだるまさま」としてお参りされている。

鴨部地区にある北向地蔵（右）と、神田地区のだるま大師堂（下）

北向地蔵

所在地：高知市鴨部1350
電話番号：088-823-9457
（高知市観光振興課）
拝観時間：拝観自由
交通：土佐電鉄伊野線旭駅前通駅下車、徒歩10分

郷照寺は高台の好立地で、瀬戸内海や瀬戸大橋が見渡す眺望が見事

厄除けうたづ大師　郷照寺《ごうしょうじ》

瀬戸内海を見守る〝ポックリ地蔵〟

お地蔵さま

香川県
宇多津町

四国霊場第七十八番札所の仏光山《ぶっこうさん》 広徳院《こうとくいん》 郷照寺《ごうしょうじ》は、真言宗と時宗の両宗にわたる珍しいお寺だ。奈良時代の名僧 行基《ぎょうき》が開創。のちに弘法大師空海《くうかい》がこの地を訪れたときに自身の像を彫り、厄除けを誓願した。このことから「厄除けうたづ大師」として信仰されている。その後、鎌倉時代に時宗の開祖一遍《いっぺん》の浄土念仏の教えも加わった。

ポックリ地蔵さまは本堂の前右手に安置されている。石像が三体並び、右はお釈迦さま、左は弘法大師、そして中央がポックリ地蔵さまという贅沢な配置である。

その横には「さぬきの三大ポックリさま」という標柱が立っている。三大ポックリさまのほかの二つは、高松市の「保久俚大権現」（106頁）と三豊市の「嫁楽観音 地蔵寺」（102頁）だ。

常に身に着けていれば長患いすることなく、看病する人たちに迷惑をかけずに安楽往生できるという御肌布守護（116頁）が人気だ。

◆四国八十八ヶ所霊場　第七十八番札所

郷照寺

宗　派：時宗・真言宗
所在地：香川県綾歌郡宇多津町1435
電話番号：0877-49-0710
拝観時間：7時～17時
交　通：JR予讃線宇多津駅より車で12分
http://www.yakuyoke.org/

黄金に輝く、准胝観世音菩薩（嫁楽観音・左）と地蔵菩薩（右）

弘法大師相伝の秘法が伝わる

地蔵寺《じぞうじ》

「極楽ゆき切符」をいただける〝嫁楽観音〟

香川県三豊市

中国・四国・九州

「嫁楽観音」の通称で知られる地蔵寺は、奈良時代初期に行基《ぎょうき》が開いた古刹で、正式名称は「宝珠山《ほうしゅざん》 悲願院《ひがんいん》 地蔵寺《じぞうじ》」という。お寺の本尊は地蔵菩薩、観音霊場としての本尊は准胝観世音菩薩《じゅんでいかんぜおんぼさつ》ということで、二体の仏さまが並んで安置されている。

その昔、弘法大師空海《くうかい》が三日間こもって安楽往生の秘法を伝えたといわれ、それが〝ぽっくり安楽往生のお寺〟の起源になっている。お大師さま相伝の「中風よけ秘法護符」と「安楽往生祈祷護符」のセット（116頁）があり、前者は頭の下に、後者は背中に敷いて寝るとご利益がある。**少なくとも三年ごとには古いお札を納めてお焚《た》き上げしていただき、新しいお札をいただくようにするとよい。**奈良県の阿日寺《あにちじ》（70頁）と吉田寺《きちでんじ》（68頁）と並ぶ「日本三大ぽっくり寺」の一寺とされ、団体での参詣者も多い。

また、地蔵寺ではぽっくり往生のお守り類も豊富だ（116頁）。「極楽往生手形」（五百円）に名前と住所を書いて納めれば、「極楽往生上席ゆき切符」をいただける。**切符は、亡くなったときにお棺に必ず入れるようにと書かれている。**

境内はさまざまな仏像などでにぎやかだ。身体の悪いところや痛いところを水をかけて洗えば願いがかなう「洗い観音さん」、**お地蔵さまと自分の頭を交互にさすればボケ除けに効果がある「ボケよけ地蔵さん」**、水をかけてお参りすれば困ったときに身代わりになってくれる「身代わり不動さん」などが安置されている。また、お釈迦さまの手形や足形を刻んだ「仏手石」「仏足石」もあり、これに自分の手足を合わせて拝むことで、ボケ除けや老化防止のご利益があるという。

◆さぬき三十三観音霊場　第二十三番札所

地福寺は崇徳天皇の母待賢門院の荘園勝間荘の管理をつかさどっていた古刹

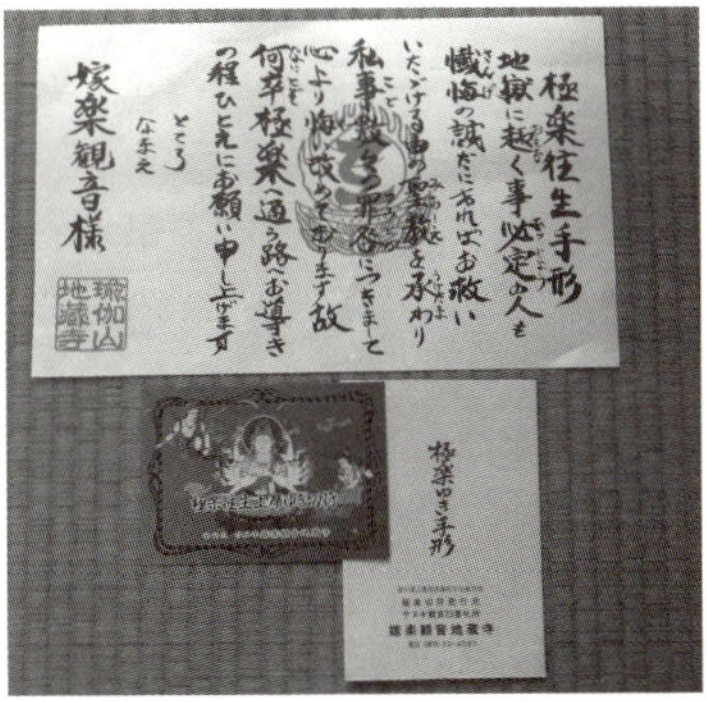

「極楽往生手形」を納めれば「極楽往生上席ゆき切符」がいただける

地蔵寺

宗派：真言宗善通寺派
所在地：香川県三豊市高瀬町上勝間2475
電話番号：0875-72-4037
拝観時間：8時～17時
交通：JR予讃線高瀬駅より車で10分

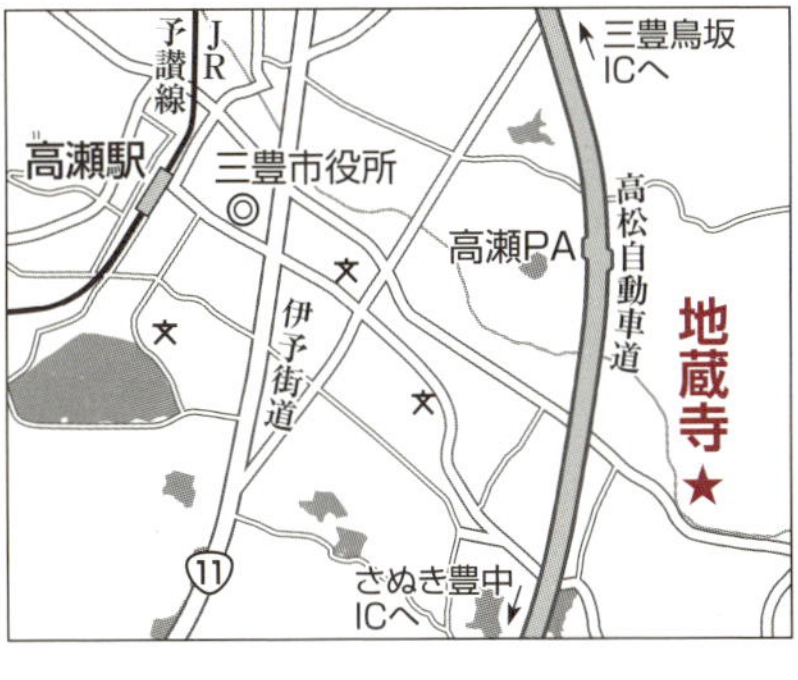

〔周辺散策〕

三豊市は知る人ぞ知る銘茶、**高瀬茶**の産地だ。出荷量は全国のわずか0・3%だが、ほどよい渋みと甘みが愛飲家に人気だ。地蔵寺から車で5分ほどの高瀬町佐股《さまた》地区に高瀬茶業組合があり、試飲をしながら茶葉や加工品が買える。

ホックリ地蔵は地蔵堂の左脇に道祖神とともにおまつりされている

伝説の霊水が湧くパワースポット

弥蘇場地蔵堂《やそばじぞうどう》

地元民に愛される〝ホックリ地蔵〟

お地蔵さま

香川県坂出市

中国・四国・九州

JR予讃線八十場《やそば》駅から徒歩で十分ほど、四国霊場第七十九番札所である高照院《こうしょういん》天皇寺《てんのうじ》の西側に弥蘇場《やそば》地蔵堂がある。

本来は「弥蘇場」と書くようだが、「八十場」とも「八十八」「八十蘇場」ともあり、地元の方々は「ヤソバ」と読めれば、漢字についてはあまり気にしていない。

地名の由来は、地蔵堂の向かって右手にある「弥蘇場の霊泉」という湧き水にある。その昔、日本武尊《やまとたけるのみこと》の息子である讃留霊王《さるれお》は、瀬戸内海を荒らしまわっていた悪魚を退治した。しかしそのとき、讃留霊王と八十八人の兵士は悪魚の毒にあたり気を失ってしまった。それを見た地元の童子がこの霊泉の水を捧げたところ全員が蘇生した。以来この霊泉を「弥蘇場の霊泉」「八十八の霊泉」と呼び、薬水として尊ばれている。

また、平安時代末期、讃岐に流されて亡くなられた崇徳《すとく》天皇の遺体は、都からの指示を待つ間、この霊泉に漬けて保管され、荼毘《だび》に付されるまで二十日以上経てもまったく傷まなかったという伝説もある。

　さて、こちらの〝ぽっくりさん〟は、地蔵堂の中に安置されている地蔵菩薩ではなく、お堂の左脇にひっそりと鎮座する高さ五十センチほどの小さなお地蔵さまだ。「この地蔵さんはホックリ地蔵です。どうぞお参り下さい」という立て札があるので、すぐにわかる。いわれは地元の人にもわからないが、いつしか「ホックリ地蔵さん」と呼ばれ、長患いせずに安楽往生を願う人たちがお参りするようになったという。

　この地蔵堂は地元の地区住民で管理しており、お堂の内外はいつもきれいに清掃され、ホックリ地蔵さまには帽子と服が着せられ、前には花が飾られている。住民から愛されている地蔵であることがうかがえる。

弥蘇場地蔵堂。本尊は右手のない石仏で、家内安全・息災延命のご利益がある

弥蘇場地蔵堂

所在地：香川県坂出市西庄町759
電話番号：0877-44-5026
（坂出市教育委員会）
拝観時間：拝観自由
交通：JR予讃線八十場駅下車、徒歩６分

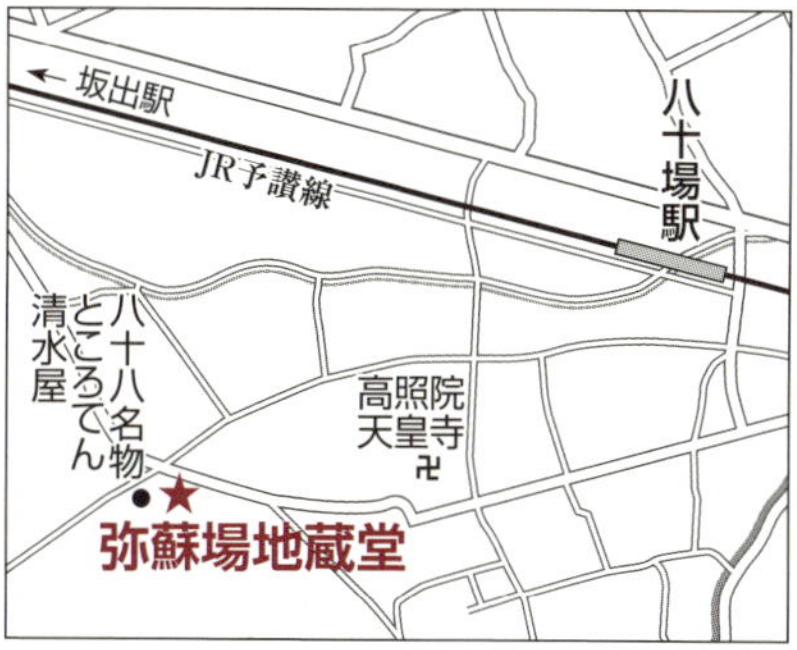

〔周辺散策〕
　弥蘇場の霊泉の脇にはひと休みできる茶屋がある。ここは江戸時代から続く**八十八名物ところてん「清水屋《きよみずや》」**。国産の天草を使用し、弥蘇場の霊泉でキリリと冷やしたところてんは、散策の休憩にちょうどよい。茶屋は３月中旬から11月まで営業（午前９時～夕暮れまで）。通販でも購入できる。

弥蘇場の霊泉と茶屋

荒神さま（奥津彦命）というのは命をつなぐ「かまどの神」だ

長い参道の先にある
保久俚大権現《ほくりだいごんげん》

村人を救った伝説の荒神《こうじん》さま

その他

香川県高松市

中国・四国・九州

標高二百六十二メートルと低いものの富士山型で美しい袋山《ふくろやま》。その裾野を走る県道33号線沿いには「ほっくりさん参道口」と朱書きされた立て看板が立っている。「保久俚山《ほくりさん》 安楽院《あんらくいん》 保久俚大権現《ほくりだいごんげん》」までは、参道を七分ほど登る。

安楽院のお堂は決して立派ではないが、地元の人たちが力を合わせて保久俚大権現を守ろうとしているあたたかみを感じる。

保久俚大権現は伝説の荒神《こうじん》（かまどの神）さまだ。

江戸時代後期のこと、衣掛山《こかけやま》（袋山の中腹）にあった「奥津彦命《おきつひこのみこと》」と彫られた大きな石の荒神さまに、地元の村人が自身の病気平癒を願って一心にお参りしたところ、病がすっかり回復した。そのお礼参りをすると、荒神さまは「私の願いも聞いてほしい。私は高神《たかがみ》なので山頂にまつってほしい」と言われた。

そこで、地元の有志の協力を得て、大きな石を山頂まで運んだ。

それから有志たちは、その荒神さまを大切にして一所懸命お世

保久俚大権現のお堂

話をした。

　すると、不思議なことにその有志たちは皆、寿命が来ると長患いせずにポックリと安楽往生することができた。そこで、有志たちや行者などが相談して、この奥津彦命をまつる荒神さまを「保久俚大権現」と名づけた。そのポックリ往生が人づてに伝わり、参詣者が参道に列をなすほどのにぎわいを見せたそうだ。

　一九七三（昭和四十八）年に参道が崩れたことから保久俚大権現は現在の場所に移され、お堂が建てられた。現在でも春秋彼岸の中日には地元の行者による大護摩《おおごま》供養が行なわれ、地元有志が参詣者を接待している。**護摩木《ごまき》に名前を書いて納めれば、大護摩供養のときにお焚《た》き上げをしてくれる。**

〔周辺散策〕
　北へ約8キロ、瀬戸内海にほど近い高松市香西《こうざい》西町に**香西寺《こうざいじ》**（真言宗大覚寺派）がある。ここは四国別格二十霊場の第十九番札所で、四国ぼけ封じ三十三観音霊場第三十三番の札所でもある。

護摩木（右、100円）を納めた人は保久俚大権現のお札（左）がいただける

保久俚大権現
所在地：香川県高松市鬼無町鬼無
電話番号：087-882-0875
（高松市鬼無コミュニティセンター）
拝観時間：拝観自由
交通：JR予讃線鬼無駅より車で５分

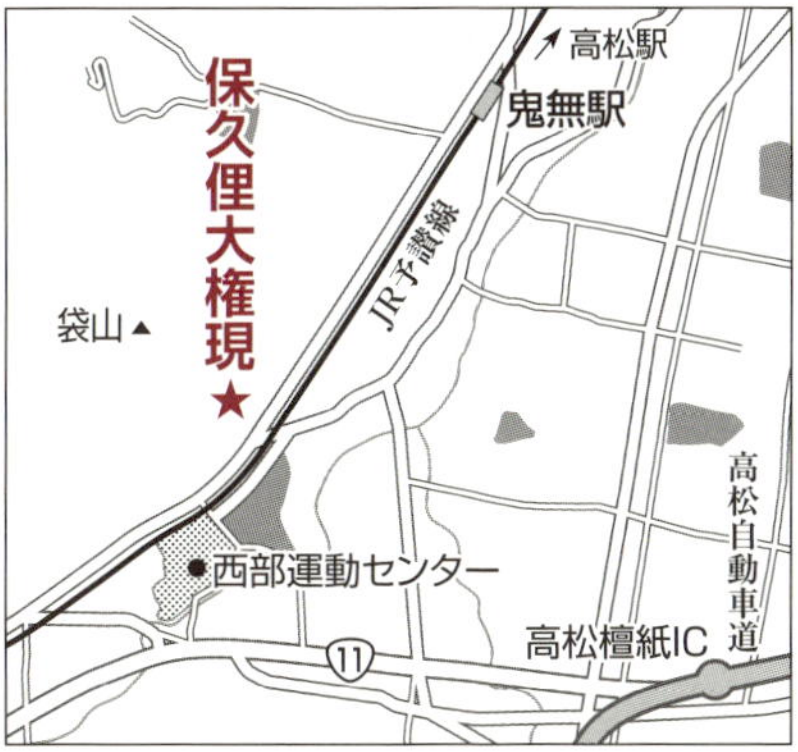

ぽっくり結び観音さまの傘の下にはたくさんのお札が結ばれている

瀬戸内海に勢力を誇った村上水軍の菩提寺

高龍寺《こうりゅうじ》

結び札でご縁をいただく〝ぽっくり結び観音〟

観音さま

愛媛県今治市

中国・四国・九州

広島県尾道《おのみち》市と愛媛県今治《いまばり》市を結ぶ、しまなみ海道（約七十キロ）は、自転車でも本州―四国間を行き来できる道路として自転車愛好家に人気だ。沿線には乗り捨て自由のレンタサイクルターミナルが十四カ所ある。

亀老山《きろうさん》 高龍寺《こうりゅうじ》は、四国寄りに浮かぶ大島の南部、亀老山の北麓に建つ古刹だ。亀老山には中世日本の歴史に大きく関わった村上水軍の本拠地があり、高龍寺はその菩提寺として知られている。亀老山中腹には高龍寺奥の院があり、そのお堂の横には水軍の雄、村上義弘《むらかみよしひろ》の墓所がある。

「ぽっくり結び観音」は境内の本堂そばにある。大きな傘の下に石像の観音さまが横たわっている。お釈迦さまが亡くなるときの姿の寝釈迦像はあるが、〝寝観音〟は珍しい。観音さまの横には、

「病は軽う 寝込まずに しっかり結べば 楽々法功力《ぽっくり》」

と書かれ、可愛い観音さまのイラストが描かれた立て札がある。

イラスト入りの立て札

本堂にお参りして結び札（116頁）をいただき、自分の名前を書いて観音さまの傘にしっかりと結びつけると、観音さまと縁を結ぶことができる。「この世で自分をしっかりと守ってもらい、元気で長生きさせていただき、往《い》くときは楽に往かせてくれる」というご利益を授かれるというわけだ。観音さまに差しかけられた傘の下に入れば、あらゆる危害を避けるという意味があるとのこと。

ぽっくり結び観音のキャラクターは、可愛らしい仏画を描くことで知られる山口県周防《すおう》大島町の西長寺《さいちょうじ》住職川西恵諦師によるもの。いつも身に着けていられるカード型ぽっくり結び観音お守り（116頁）や、ぽっくり結び観音巾着袋《きんちゃくぶくろ》など、観音さまが描かれたお守りやグッズが用意されている。

【周辺散策】

標高307・8メートルの亀老山山頂は、**亀老山展望公園**になっている。パノラマ展望台ブリッジからは、瀬戸内海国立公園が一望できる。世界初三連吊橋である来島《くるしま》海峡大橋や、日本三大急潮のひとつ来島海峡の潮流…、また、夕日や夜景の絶景スポットとしても有名だ。

本堂。本尊は聖徳太子ゆかりの千手観音

◆せとうち七福神霊場　布袋尊

◆島四国霊場　第三十三番札所

高龍寺

宗派：真言宗御室派
所在地：愛媛県今治市吉海町名2916－2
電話番号：0897-84-2129
拝観時間：境内拝観自由
交通：JR予讃線今治駅よりバス亀山下車、徒歩５分（車で25分）

http://kouryuji.jp/

嫁いらず地蔵尊は蓮華座に鎮座した金箔の仏像だ。手前が護摩壇

中国・四国・九州

「甘木《あまぎ》高野山」と称される

高野寺《こうやじ》

護摩《ごま》祈願された肌着《サルマタ》がお守り〝嫁いらず地蔵〟

お地蔵さま

福岡県朝倉市

甘木高野山《あまぎこうやさん》 高野寺《こうやじ》は、大正時代に和歌山県の高野山から本尊の弘法大師像を受けた真言宗のお寺だ。ただ、開山以来、宗派にとらわれない開かれたお寺として続いている。県外からも多くの参詣者が訪れているが、その目的は、地蔵堂に安置されている嫁いらず地蔵尊へのお参りだ。

「この世から 導き給え 次の世へ 嫁の手いらず 南無地蔵尊」

お寺の御詠歌《ごえいか》に詠《よ》まれているとおり、このお地蔵さまは老後に下《しも》の世話にならずに往生できるという霊験があると伝えられている。

そもそもこのお地蔵さまは江戸時代初期の作で、現在の久留米市からめぐりめぐって高野寺に安置されたものだ。当時、現当二世（この世とあの世）の幸せを願って、阿弥陀如来と延命地蔵のお堂が建てられた。阿弥陀さまはあの世での極楽往生を願って、お地蔵さまはこの世での健康で幸せな生活を願ってのものだった。現在、阿弥陀如来像は久留米市寺町の医王寺に安置されている。

お地蔵さまは、当初は一般的に延命息災を願ってのものだったが、それがいつしか、**新しい肌着をお地蔵さまの前で祈願していただいて身に着けると下の世話にならない**といわれるようになり、嫁いらず地蔵尊として信仰を集めるようになった。

さらに、この地域では「申《さる》年生まれの人から肌着（サルマタ）をいただくと下の世話にならない」という言い伝えがある。高野寺では護摩祈願された肌着を「御肌守《おはだまもり》」として用意しているが、現住職が申年生まれなことから、お地蔵さまのご利益はさらに増していると評判だ。とくに女性用の赤い肌着が人気だという。

◆九州二十四地蔵尊霊場　第七番札所

端正なたたずまいの地蔵堂

〔周辺散策〕

高野寺から車で15分ほど北上すれば、**秋月城下町**がある。

秋月城跡では、通用門だった長屋門、古処山城の城門だった黒門が現存している。紅葉と桜の名所としても知られ、シーズンには多くの観光客でにぎわう。また、当時の面影を伝える街並みを散策するのも楽しい。

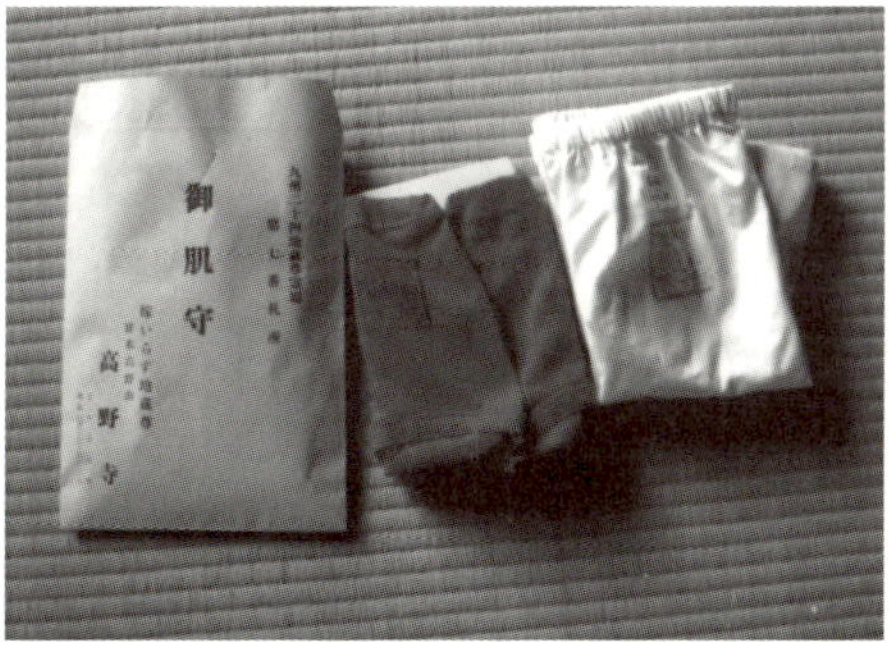

護摩祈願され、朱印が押された「御肌守」
女性用（赤色）2000円
男性用・女性用（白色）1000円

高野寺

宗派：高野山真言宗
所在地：福岡県朝倉市菩提寺588
電話番号：0946-22-5228
拝観時間：境内拝観自由
交通：西鉄甘木線甘木駅下車、徒歩10分。または甘木鉄道線甘木駅下車、徒歩15分

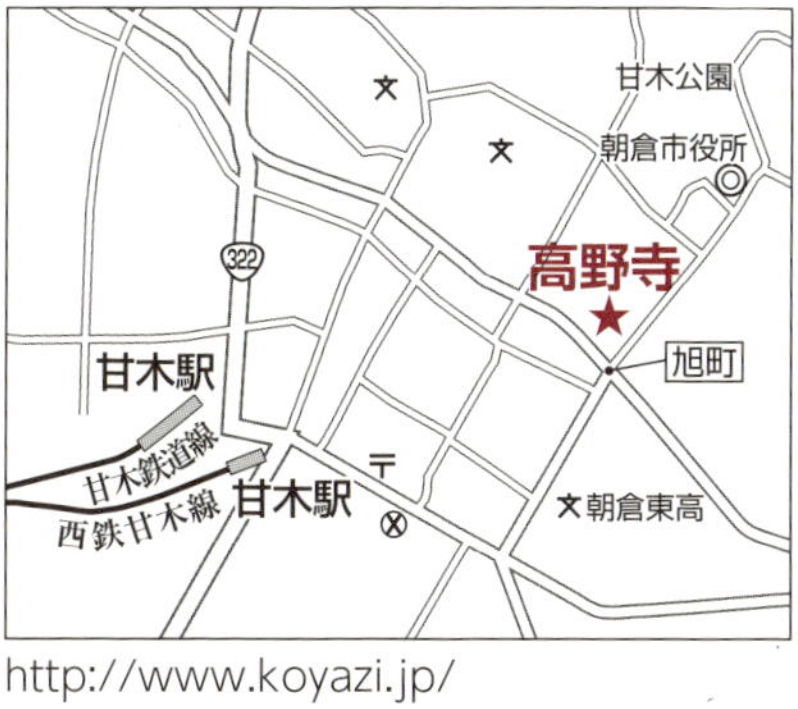

http://www.koyazi.jp/

ぽっくり天狗さま。健康で長生き、家族に手間をかけずにポックリと大往生できる

願い事は何でもおまかせ

宝来宝来《ホギホギ》神社

ホギホギととなえて大往生〝ぽっくり天狗〟

天狗さま

熊本県南阿蘇村

中国・四国・九州

宝来宝来《ホギホギ》神社は、まさに開運・祈願成就のデパートだ。建立は平成十六年と歴史は浅いが、宝くじ当選祈願の神社としてマスコミにもよく取り上げられている。

御神体は「当銭岩《とうせんいわ》」と呼ばれる巨岩。この御神体のお告げにより宝くじに当たった人がおり、その噂が広まって、多くの当選者たちの寄付によって神社が造営された。

「宝来宝来神社」という名称は、お参りするときの呪文に由来する。**幸運をつかむイメージで両手を合わせ、その幸運を自分に引き寄せるように、組んだ手を顔の左右に持ってきて「ホギホギ」と繰り返しとなえる。**なんとも風変わりなお参りだが、やってみると誰もが自然に笑顔になるからおもしろい。

ぽっくり天狗さまは、高知県に在住の方から寄贈されたもので、このいわれも興味深い――。戦後間もなくのこと、四国をまわっていた行商人が行き倒れになり、それを助けた村人は、そのお礼にと

ぽっくり天狗さまの社

行商人からぽっくり天狗さまと夫婦《めおと》白蛇《しろへび》蛇紋石《じゃもんせき》さまをいただいた。行商人は「毎日、ホギホギととなえてお参りすると良いことがあります」と言い残して旅立った。言われたとおりに毎日お参りした村人は、子宝にも恵まれ、百八歳まで生きて大笑いしながら、ぽっくり大往生を遂げた。その後、村人の息子さんがテレビで宝来宝来神社のことを知って驚き、ぜひ神社にまつって人々の役に立ててほしいと寄贈したそうだ。

ぽっくり天狗さまに祈願するときは、**天狗の大きな鼻を両手でさすりながら、願いを心に念じて「ホギホギ」と四回となえる**と願いがかなうという。

財布につけたり携帯ストラップとして使える「宝来石《ほうらいせき》の亀のお守り」など、さまざまな開運グッズが用意されている（116頁）。

〔周辺散策〕

宝来宝来神社から徒歩15分ほどにある**久木《くぎ》野《の》温泉「木《こ》の香《か》湯《ゆ》」**は、日帰り温泉施設として人気だ。弱アルカリ性のお湯はやわらかで、露天風呂からは雄大な阿蘇の自然を満喫できる。レストランや地場産品を扱った販売所も併設されている。

御神体の当銭岩。写真に撮って身に着けていると金運が上昇するという

宝来宝来神社

所在地：熊本県阿蘇郡南阿蘇村河陰2909―2
電話番号：0967-67-3361
拝観時間：7時～夕暮れまで
交通：南阿蘇鉄道高森線長陽駅より車で16分

http://www.hogihogi.org/

お堂の上には十六羅漢の石仏が見える

老後の安心を約束してくれる
八幡山命水《はちまんやまめいすい》延命地蔵尊

篤信家《とくしんか》が寄進したお地蔵さま

お地蔵さま

大分県
竹田市

中国・四国・九州

大分県西部の竹田《たけた》市は、滝廉太郎の作曲「荒城の月」で知られる城下町だ。竹田市寺町八幡山は、その名のとおりいくつものお寺が集まっている。十六羅漢の石仏で知られる観音寺や、国の重要文化財に指定されている愛染堂《あいぜんどう》（願《がん》成院《じょういん》本堂）などの名刹がある。

その観音寺への石段の手前にある小さなお堂に八幡山命水延命地蔵尊三体がまつられている。向かって左から「ぼけない地蔵」「ぽっくり地蔵」「寝つかぬ地蔵」だ。近隣のお年寄りが元気に寝つかず楽しい老いを願い、お参りしている。とくに毎月第二土曜に開かれる「八幡山楽市楽座」の縁日には大勢の人が集まる。

この地蔵尊は、身代わりとして人生の心配ごとを引き受けていただきたいとの願いから、近所に住む九十歳の女性が平成元年に寄進したもので、地域の人々の手で守られている。

毎年十一月第三週の金曜から日曜に行なわれる「たけた竹灯籠 竹楽《ちくらく》」は、二万本もの竹灯籠が街中に立ち並び、幻想の世界をつくりだす。ぜひこの時期に訪れてみたい。

八幡山命水延命地蔵尊

所在地：大分県竹田市寺町八幡山
電話番号：0974-63-0585
（竹田市観光ツーリズム協会）
拝観時間：拝観自由
交通：JR豊肥本線豊後竹田駅下車、徒歩７分

中国・四国・九州のお守り＆ご利益グッズ

嫁いらず観音・ぼけ封じ観音（山口県周防大島町）（P.96）
「八幡生涯学習のむら」の売店で売られているお守りやご利益グッズの数々

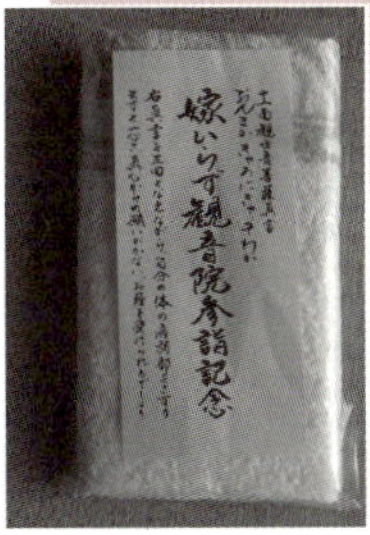

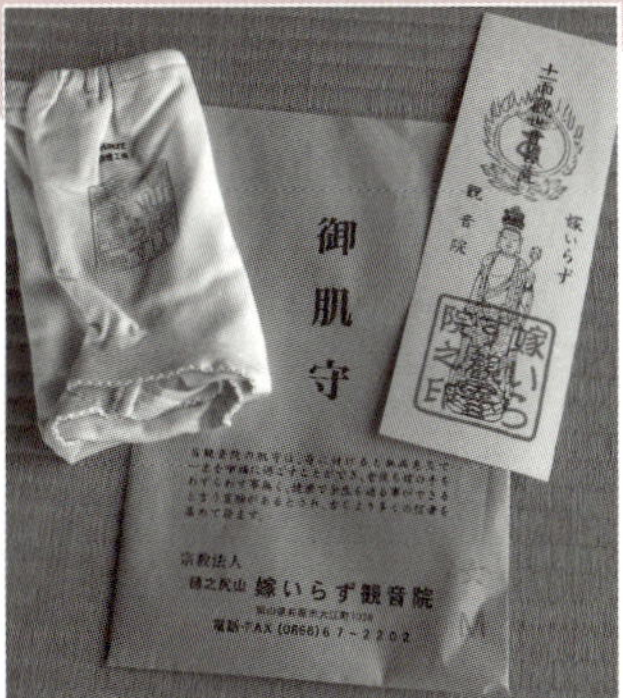

嫁いらず観音院（岡山県井原市）（P.94）
十一面観音祈祷札（木札） 500円
かんのん瓢箪 1000円
嫁いらず観音院参詣記念タオル 600円
嫁いらず観音お守り 各500円
長寿招福絵馬 500円
御肌守（肌着・お姿） 1300円
（お姿のみは100円）

中国・四国・九州の お守り＆ご利益グッズ

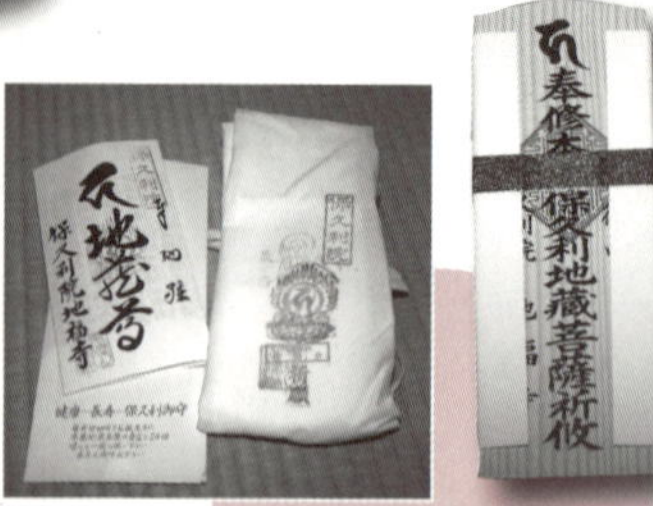

地福寺（P.98）
保久利地蔵菩薩御宝印入り
　枕カバー　1500円
保久利地蔵菩薩祈祷札
　1000円

嫁楽観音 地蔵寺（P.102）
ボケ封じ六瓢（無病）お守り　1000円
肌守り（御朱印が押された布）　300円
中風よけ秘法護符と安楽往生祈祷護符の
　セット　1000円

郷照寺（P.101）
御肌布守護　1000円

高龍寺（P.108）
ぽっくり結び観音結び札（志納）
カード型ぽっくり結び観音お守り
　1000円

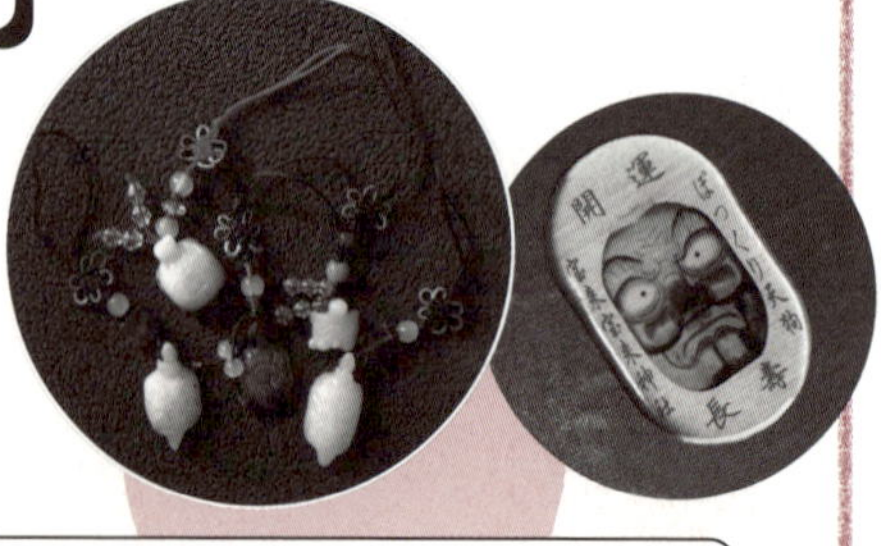

宝来宝来神社（P.112）
宝来石の亀のストラップお守り　１個500円
ぽっくり天狗シール（開運小判付）200円

4

東北の
ポックリ往生パワースポット

満福寺の楼門（上）とコロリ地蔵さん（右）

蔵の街の古刹　満福寺《まんぷくじ》

釜場の守り本尊〝コロリ地蔵さん〟

お地蔵さま

秋田県
横手市

東北

コロリ往生を願って他県からも大勢の参詣者が訪れる増田山《ますださん》　満福寺《まんぷくじ》。

本尊は阿弥陀如来立像で、お寺が開かれた室町時代よりも古い鎌倉時代末から南北朝時代の作といわれ、県の有形文化財に指定されている。

コロリ地蔵さんは、地蔵堂にまつられている三体のお地蔵さまのうち、中央の延命地蔵尊だ。

このお地蔵さまはその昔、境内裏手にあった火葬場に安置されていた。火葬場の守り本尊であり「釜場のお地蔵さん」として、地元の人々から「亡くなるときの苦しみ（断末魔）から救ってもらいたい」「コロリと大往生できますように」と信仰されていた。それがいつしか〝コロリ地蔵さん〟と呼ばれ、他県からも参詣者が訪れるようになった。

お地蔵さまの縁日である毎月二十四日には参詣者が多数訪れる。また、七月二十四日が地蔵尊大祭だ。参詣のあとは〝蔵の街〟といわれる増田の街並みをぶらりと散策したい。

満福寺

宗派：曹洞宗
所在地：秋田県横手市増田町増田田町58
電話番号：0182-45-5101
拝観時間：８時～17時
交通：JR奥羽本線十文字駅よりバス中町下車、徒歩２分（車で10分）

コロリ地蔵尊はもとは長安寺に安置されていたものだという

秋田県南の人々に愛される　コロリ地蔵尊

即身成仏《そくしんじょうぶつ》の傑僧《けっそう》をしのぶお地蔵さま

お地蔵さま

秋田県
湯沢市

JR奥羽《おうう》本線の院内駅から五分ほど、愛宕神社のすぐ手前にコロリ地蔵尊堂がある。このお地蔵さまは、江戸時代中期、愛宕《あたご》神社の別当を務めた長安寺《ちょうあんじ》の渕清《えんせい》という高僧に由来する。渕清は、人々が中風（脳卒中）などで長患いせずに無病息災で過ごせることを願って生きながら土中に埋まり、熱心に祈りながら即身成仏を遂げた。その徳をしのんで地元の人々が建立したと伝えられる。すぐ近くに渕清のお墓も現存するという。

それがいつしか、このお地蔵さまを信仰すれば、コロリと苦しまずに安楽往生できるとして知られるようになった。小さなお堂だが、秋田県南部の人々に広く信仰され、参拝者も多いそうだ。また、このお地蔵さまは邪気払いの「塩掛け地蔵」としても知られている。

愛宕神社は、平安時代初期の創建で、江戸時代の秋田藩（久保田藩）十二社のひとつに数えられる。近くには領主佐竹氏の本陣跡や院内関所跡が残り、院内駅は当時の院内銀山にあった異人館を模したもので往時をしのばせる。

コロリ地蔵尊

所在地：秋田県湯沢市上院内 愛宕神社手前
電話番号：0183-52-2111
（湯沢市雄勝生涯学習センター）
拝観時間：拝観自由
交通：JR奥羽本線院内駅下車、徒歩５分

東北

俳聖も愛した東北を代表する名刹

山寺《やまでら》 立石寺《りっしゃくじ》

数珠《じゅず》を繰《く》りながら祈る〝ころり往生阿弥陀如来〟

阿弥陀さま

山形市山寺

東北

宝冠をつけ、優しく微笑む〝ころり往生阿弥陀如来〟

常行念仏堂の内部

大きな数珠が掛かる常行念仏堂

「ゴォ～ン」と鳴り響く除夜の鐘で知られる山寺。大晦日には毎年のようにテレビ中継され、日本中の人々の煩悩を取り除き、新たな年を告げてくれる。

山寺の正式名称は「宝珠山《ほうしゅさん》 立石寺《りっしゃくじ》」という。平安時代八六〇（貞観《じょうがん》二）年に清和《せいわ》天皇の勅命を受けて、天台宗三祖の慈覚大師円仁《えんにん》が比叡山《ひえいざん》延暦寺《えんりゃくじ》の別院として建てたのが始まりだ。

登山口からの石段を上りきると、立石寺の本堂である根本中堂がある。本尊は慈覚大師作の薬師如来。堂内には千年以上灯しつづけているという法灯がある。これは、天台宗の開祖である最澄《さいちょう》が中国から比叡山に伝えた法灯を、慈覚大師が伝えたもので奥之院と開山堂にも灯されている。

山寺の〝ぽっくりさん〟は、根本中堂から山門への参道の右手、鐘楼の脇に建つ常行《じょうぎょう》念仏堂にまつられている慈覚大師作の阿弥陀如来だ。ここは、慈覚大師が中国の霊山である五台山（世界文化遺産）で授かった念仏三昧《ざんまい》の法を修めたお堂で、入口には大きな数珠《じゅず》が掛かっていて、それを回せるようになっている。

この阿弥陀さまは、お参りした人は寿命が来ると長患いせず、苦しむことなく極楽浄土に迎えてくださる〝ころり往生阿弥陀如来〟として昔から信仰されてきた。

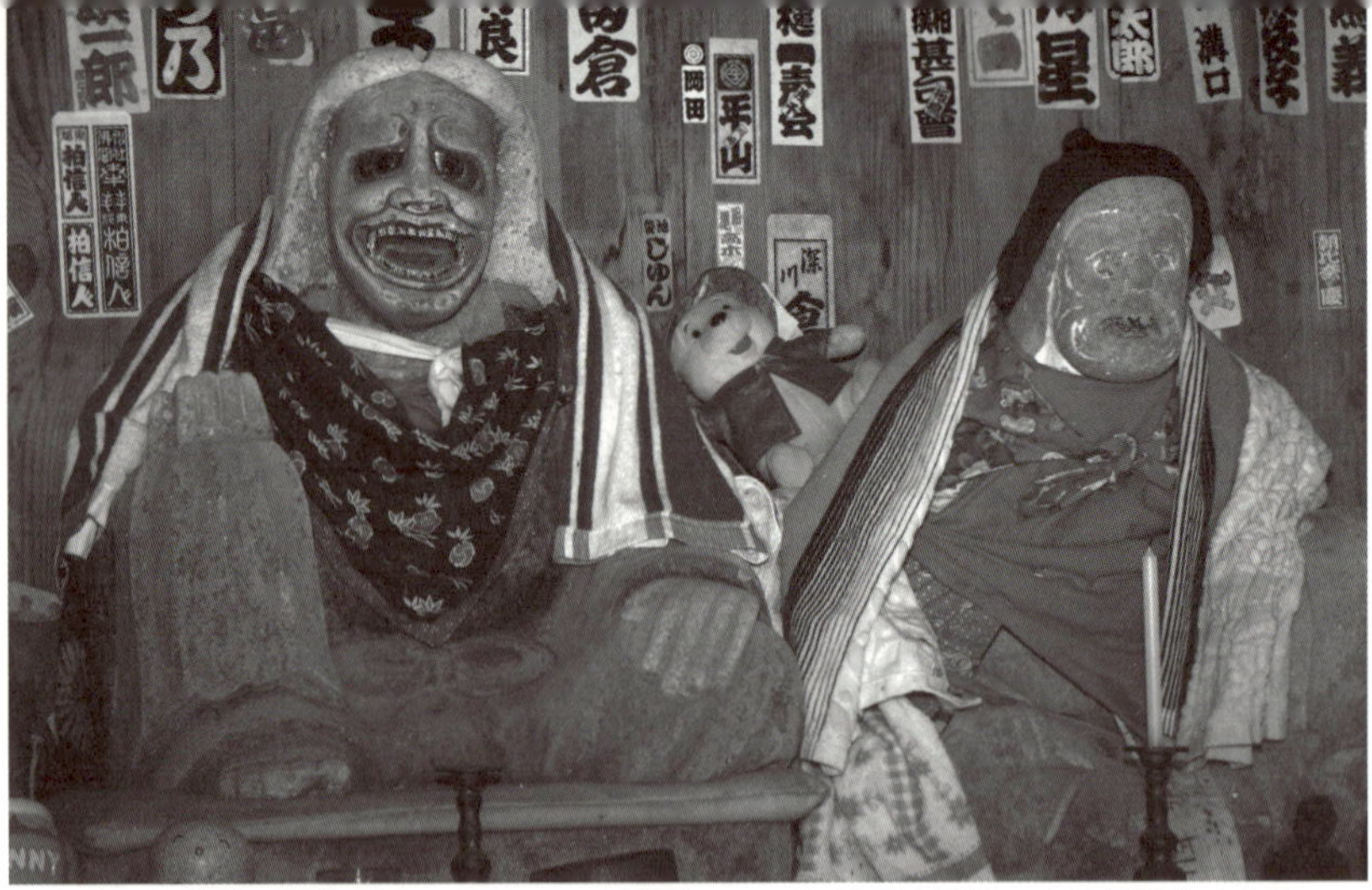

奪衣婆と地蔵尊の石像がまつられている姥堂。ここから下は地獄、上は極楽とされる

「以前、この大きな数珠はお堂の中の阿弥陀さまの脇にあったんです。昔の方々は、寿命がまいりますとこの念仏堂におこもりして、**『なむあみだぶつ』と念仏を一遍となえては数珠の珠《たま》を一つ回して鐘をカーンと打ち鳴らし、また念仏をとなえて……**と、事切れるまで数珠を繰《く》ったのだそうです。そうすることで極楽往生できるとされています。それが多くの人たちに知られるようになりました」

と、立石寺住職清原浄田師は語る。

この常行念仏堂は四月から十一月までの間、写経スペースとして開放されている。『般若心経』の手本と写し紙と心得、筆ペンが置かれている。心を込めて写し、極楽往生を願えばきっとかなうはずだ（写経奉納料、千円）。

山寺の醍醐味は、奇岩怪石が連なる絶景の参道を三十分ほどかけて登ることにある。**石段を一段一段踏みしめていくごとに一つずつ煩悩が消えて悪縁を払うことができる**といわれている。岩肌に見える無数の穴の中で、かつて僧たちは修行をしていたという。

道中には、極楽浄土の入口に建つ姥堂《うばどう》、松尾芭蕉《ばしょう》が「閑さや岩にしみ入る蝉の声」と読んだ芭蕉せみ塚、仁王門など見どころも多い。

そして、山を登りきった正面には右に奥之院、左に大仏殿が建つ。途中、奥の院への参道を左に曲がっていけば開山堂と納経堂、その上に五大堂がある。五大堂は五大明王をまつり、天下泰平を祈願する道場だ。そこからの見晴らしは山寺のなかで最も素晴らしい。
　山寺を堪能するなら、約一時間半かけて名所旧跡をあますところなく案内してくれる観光ガイド・きざはし会（ガイド料二千円、山寺観光協会〇二三―六九五―二八一六）を頼むとよい。

〔周辺散策〕
　山寺駅から8分ほど歩けば、芭蕉の遺墨や直筆の作品などを展示する**山寺芭蕉記念館**がある。芭蕉に関する短編映画も上映。また、離れの茶室では抹茶を楽しむこともできる。

若くして亡くなった人の供養のための後生車

百丈岩の頂上に立つ納経堂は山内で一番古い建物

芭蕉せみ塚

山寺 立石寺

宗　派：天台宗
所在地：山形市山寺4456
電話番号：023-695-2843
拝観時間：８時～17時
交　通：JR仙山線山寺駅下車、徒歩７分
上山料：300円

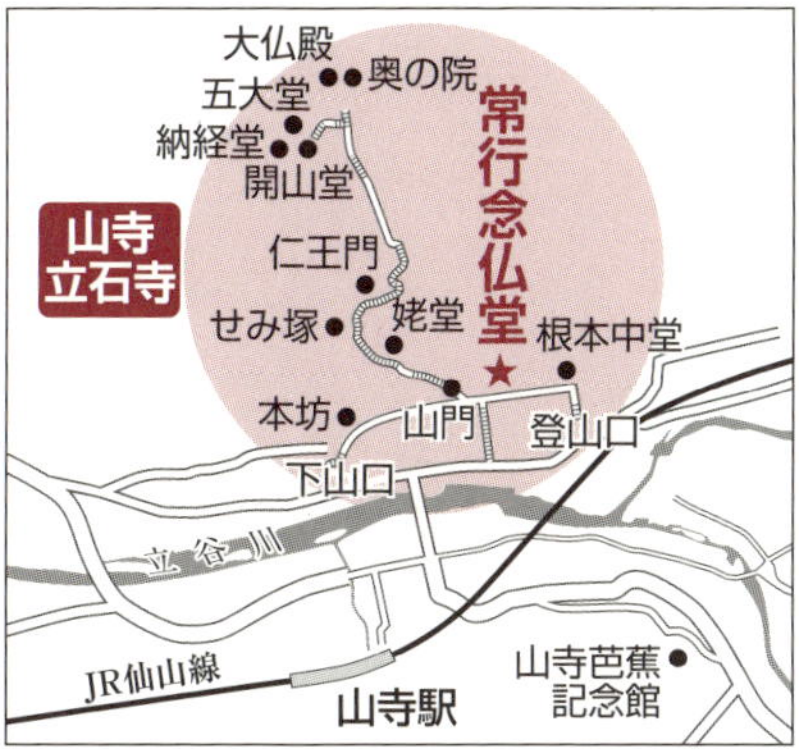

http://www.yamaderakankou.com/

〝三宝岡の生き如来〟どんな願いも聞いてくれる阿弥陀さま

慈覚大師が山寺の開創前に開いた古刹 風立寺《ふうりゅうじ》

東北唯一、胎内くぐりができる〝ぽっくり寺〟

阿弥陀さま

山形市下東山

東北

最上山《もがみさん》 風立寺《ふうりゅうじ》の本尊である阿弥陀如来は〝三宝岡《さんぼうおか》の生き如来〟として、古くから広く東北の人々に親しまれている。

三宝岡とは、仏の三宝といわれる仏《ぶつ》（仏さま）・法《ぼう》（仏さまの教え）・僧《そう》（教えを受けて修行する僧侶）がそなわる地という意味だ。

平安時代、慈覚大師円仁《えんにん》は八五六（斉衡《さいこう》三）年にこの地を訪ねたときに、風輪が立ち起こったことから霊験あらたかとしてお寺を開き、「風立寺」と名づけた。そして、風立寺を開いた四年後に山寺《やまでら》 立石寺《りっしゃくじ》を開創したという。

慈覚大師が白檀《びゃくだん》の香木で造ったといわれる本尊は一九一四（大正三）年に焼失したが、その胎内に納められていた一寸八分（約五・五センチ）の阿弥陀如来黄金仏は現存する。現在は、本尊の真下に安置され、秘仏となっているが、如来堂の地階に入り、この黄金仏と縁を結ぶ胎内くぐり（戒壇めぐり）ができる。お参りするときは、**秘仏の前にかかる極楽の錠前に触れて心願成就を念じる**とよいそうだ。

阿弥陀如来堂へ続く参道

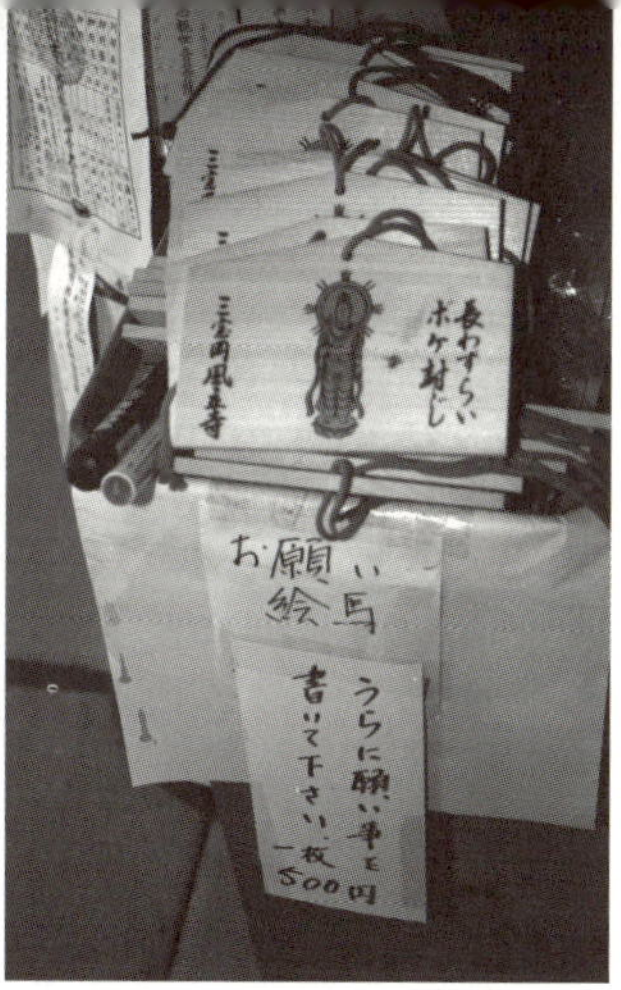

風立寺のお願い絵馬　500円

本来、阿弥陀如来は極楽往生をかなえてくれる仏さまであるが、風立寺の阿弥陀さまはとくに「長患い封じ」と「ボケ封じ」のご利益があるとして知られており、東北を中心に観光バスでの参詣者も多い。祈祷をお願いすれば、祈願者の名前を書いた祈祷札と朱印がいただける（千五百円、要事前予約）。また、下《しも》の世話になりたくないということで肌着を持参する参詣者も多く、**肌着に朱印もいただける。この肌着を身に着けているとご利益がある**そうだ。祈祷された枕カバーも求められる（140頁）。

山寺までもJR仙山線で一駅、車でも十分ほどなので、ぜひ両方の安楽往生の阿弥陀さまをお参りしたい。

◆山形百八地蔵尊　第二番札所
◆最上四十八地蔵尊　第四番札所
◆北国八十八ヶ所霊場
第三十五番札所

胎内くぐりの入口

風立寺

宗派：天台宗
所在地：山形市下東山433
電話番号：023-686-3491
拝観時間：境内拝観自由
交通：JR仙山線高瀬駅下車、徒歩７分

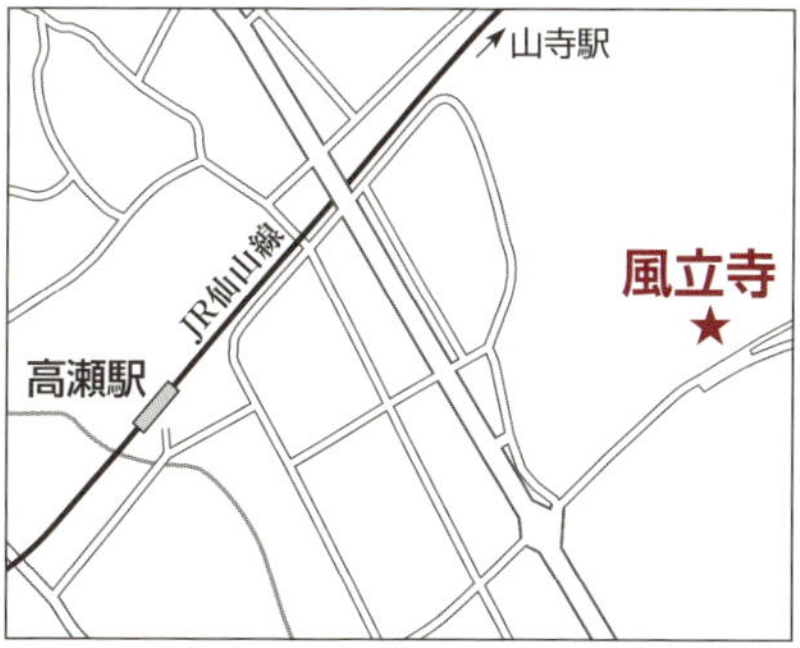

小さいが端正なつくりの〝ころり往生観音〟

信仰の山 千歳山《ちとせやま》の裾野に建つ 平泉寺《へいせんじ》

口コミで評判を呼ぶ〝ころり往生観音〟

観音さま

山形市平清水

東北

山形市街にほど近い千歳山《ちとせやま》は、古くから信仰の山として知られる。その南の裾野に建つのが千歳山《せんざいさん》清王院《せいおういん》平泉寺《へいせんじ》だ。奈良時代の名僧行基《ぎょうき》の作と伝えられる大日如来像を、平安時代八五二（仁寿《にんじゅ》二）年に慈覚大師円仁《えんにん》が現在地にまつったのが始まり。この本尊の大日如来は毎月二十八日の縁日のみ開帳される。四月二十八日が大祭だ。大日堂の前には、慈覚大師が錫《しゃく》杖《じょう》で突いたところ、白蛇が現れて湧き出したと伝わる清水が、現在も湧いている。「平清水《ひらしみず》」という地名、そして「平泉寺」という寺名も、この清水に由来している。

さて、ころり往生観音さまは、客殿の位牌堂にひっそりとたたずむ如意輪観音《にょいりんかんのん》だ。昔、市街東部にあったという東山三十三観音霊場にまつられていたものらしいが詳細は不明。地元の人たちが「ころり往生観音」と呼ぶようになり、現在は県内を中心に各地から〝ころり往生祈願〟にやってくる。**枕や布団の下**

平泉寺の後ろには千歳山が見える

に置いて寝るとよいという、ころり往生観音さまが描かれたお守り（140頁）もある。

平泉寺が最もにぎわうのは、大日如来の大祭と重なる四月中旬から下旬にかけての桜の時期だ。山門をくぐってすぐのしだれ桜二本は山形市天然記念物に指定されている。行楽がてらに参詣する人で大にぎわいになる。そのときは客殿を開放して、参詣者を茶菓でもてなしてくれる。

また、大日堂には千歳山大仏の仏頭が安置されている。これは、江戸時代にこの地に大仏の建立を目指して勧進が行なわれたが浄財が集まらずに志半ばで終わった証《あか》しだ。大日堂の裏手には、江戸時代後期に四国八十八ケ所霊場の石仏をおまつりしたという遍路道が整備されているので、散策するのも楽しい。

〔周辺散策〕

平泉寺の隣には、平清水焼の窯元、**七《しち》右《え》エ門窯《もんがま》**がある。慈覚大師が千歳山の土を使って焼き物を教えたとの言い伝えもあり、素朴な風合いが人気だ。絵付け体験ができる。

江戸時代後期に再建された大日堂

◆山形十三仏霊場　第十二番大日如来

◆山形百八地蔵尊　第六番札所

平泉寺

宗派：天台宗
所在地：山形市平清水番外1
電話番号：023-632-1103
拝観時間：境内拝観自由
交通：JR山形駅よりバス平清水下車、徒歩5分（車で15分）

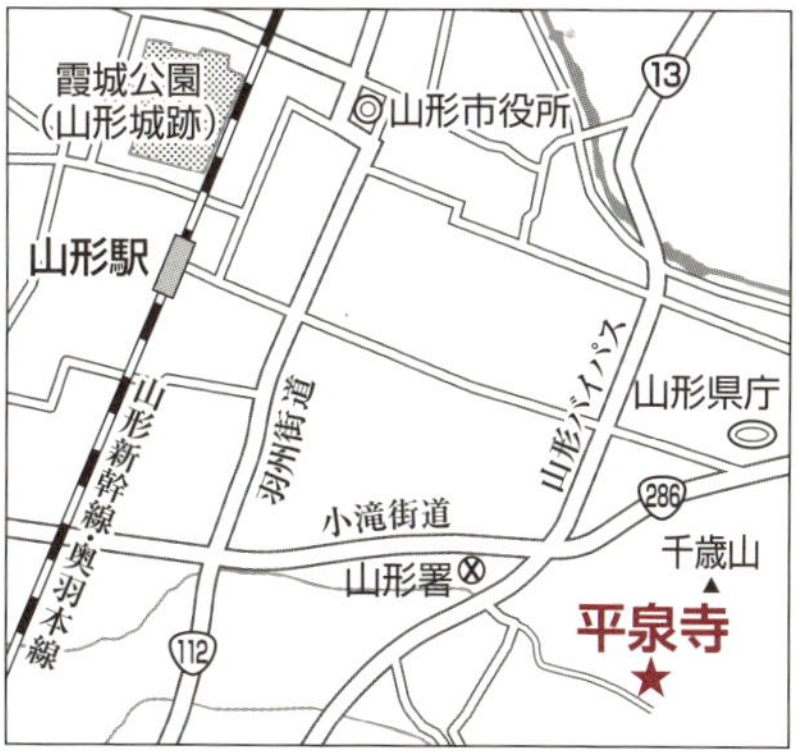

長谷堂ころり観音堂（上）ところり観音さま（右）

城山のふもとに建つ　長谷堂《はせどう》ころり観音堂

戦いの歴史を見てきた観音さま

観音さま

山形市
長谷堂

JR山形駅から南西へ約六キロ、市民から「城山《しろやま》」として親しまれている長谷堂城址公園がある。長谷堂城は戦国時代、山形城の支城として築かれた山城だ。一六〇〇年、「出羽の関ヶ原合戦」といわれた西軍上杉景勝《うえすぎかげかつ》の家老直江兼続《なおえかねつぐ》と東軍最上義光《もがみよしみつ》との攻防で、難攻不落の長谷堂城として歴史に名を残した。

ころり観音堂は、城山の南を流れる本沢《もとさわ》川のほとり、湯田地区の渡辺家の敷地内にあり、明治以降、渡辺家が管理している。観音堂は江戸時代明和年間（一七六四〜一七七二年）に再建されたものだという。

ころり観音さまは、木造の如意輪観音《にょいりんかんのん》座像で平安時代後期の作といわれているが、炭化し上部だけのようだ。最上義光の重臣で、戦いのあと、長谷堂城主となった坂光秀《さかみつひで》の家老牧《まき》野番内《のばんない》の念持仏と伝えられる。古くは、永遠の命をいただける観音さまとして信仰されていたが、いつしか病気や難儀に遭うことなく、極楽往生できる、ころり観音さまとして信仰されるようになった。

ころり観音さまと、城山中腹にある長谷堂観音とは違う。

長谷堂ころり観音堂

所在地：山形市長谷堂18
電話番号：023-688-2578
（渡辺七郎氏宅）
拝観時間：拝観自由
交通：JR奥羽本線山形駅よりバス長谷堂下車、徒歩５分（車で25分）

普門院の赤門（右上）と本堂に安置されたころり薬師さま（右下）

赤崩地区にある錦戸薬師堂（下）

上杉鷹山《うえすぎようざん》敬師《けいし》郊迎《こうげい》の地　普門院《ふもんいん》

錦戸《にしきど》薬師堂ころり薬師

お薬師さま

山形県
米沢市

岩上山《がんしょうざん》 普門院《ふもんいん》は、江戸時代中期に米沢藩を再建した名君上杉鷹山《うえすぎようざん》が師匠細井平洲《ほそいへいしゅう》を接待した敬師《けいし》の美談で知られるお寺だ。

普門院と山をはさんだ赤崩《あかくずれ》地区に錦戸《にしきど》薬師堂がある。ここにまつられていた薬師如来が〝ころり薬師〟さまだ。ふだんは、防犯の関係で普門院の本堂に安置されている。平将門《たいらのまさかど》の乱を鎮《しず》めた俵藤太《たわらとうた》（藤原秀郷《ふじわらひでさと》）が戦功により下野《しもつけ》薬師寺からいただいた奥州藤原氏の念持仏で、藤原氏滅亡のときに、この地に安置されたと伝わる。いつのころからか、このお薬師さまに祈願すると、苦しまずに往生できるとして「ころり薬師」と呼ばれるようになったという。

五月八日と九月八日の例大祭の前日には、信者たちがころり薬師さまを御輿に乗せて地区を練り歩き、錦戸薬師堂へ安置して「おこもり接待」が行なわれる。

また、普門院から車で5分ほどの錦戸薬師堂の参道口には、**澄心《ちょうしん》の泉という湧き水があり、これを飲むと、臨終の際に心が定まる**という言い伝えもある。

普門院

宗派：真言宗智山派
所在地：山形県米沢市関根13928
電話番号：0238-35-2750
拝観時間：9時～16時
交通：JR奥羽本線関根駅下車、徒歩５分

安珍地蔵の膝小僧や足の先は舐められてピカピカ

白石《しろいし》城の門が待ち受ける 延命寺《えんめいじ》

安珍地蔵の足をこっそり舐《な》めて ころり往生

お地蔵さま

宮城県白石市

東北

紀州に伝わる伝説「道成寺物語」をご存じだろうか。

修験者の安珍《あんちん》は、熊野詣での途中で宿を借りた名家の娘清姫《きよひめ》に見初められるが、安珍は修行の邪魔と逃げ去る。怒った清姫は安珍を追いかけるうちに大蛇に化け、道成寺の釣り鐘の下に隠れていた安珍を煩悩の火焔《かえん》で鐘ごと焼き尽くしてしまう、という話だ。

じつはこの安珍は白石《しろいし》市の出身で、幼くして両親を亡くして仏の道に入ったという。そこで、安珍の供養のために造られたのが瑞珠山《ずいしゅざん》延命寺《えんめいじ》に伝わる安珍地蔵だ。

いつしか人々は、健康長寿を保ち、長患いせずにある日コロリと大往生を遂げられるように「ころり地蔵尊」と呼ぶようになったそうだ。境内本堂の向かいに建つ阿弥陀堂の右端に安置されている。

安珍地蔵にはユニークなお参りの仕方が伝わっている。

それは、**安珍地蔵の足を人知れず舐めると、ころり往生がかなう**というものだ。たしかに、お地蔵さまの両足の膝は多くの人に舐められたようにピカピカしている。

「夜中にお参りに来て舐める方がいるのでしょうか」とご住職は笑うが、日中にお参りする人たちは、お地蔵さまの足を手でなでているようだ。

延命寺のもうひとつの見どころは山門だ。旧白石城の厩口門《うまやぐち》を戊申《ぼしん》戦争後のお城解体のときに移築されたもの。白石城は長く仙台藩伊達氏の支城として重臣の片倉氏が居住していた。戊申《ぼしん》戦争のときには東北諸藩の代表が白石列藩会議を開き、これが奥《おう》羽越《うえつ》列藩同盟の結成につながったという歴史の舞台となった城だ。本丸を守る重要な防衛拠点でもあっただけに、重厚な造りになっている。

【周辺散策】

延命寺から徒歩15分、**益岡公園**《ますおか》は白石城の跡地だ。現在は大櫓《おおやぐら》（天守閣）と大手門が復元されている。また、**白石城歴史探訪ミュージアム**や**武家屋敷**などがあり、白石市の歴史を知るとともに地場産品の購入もできる。

白石城の厩口門を移築した山門

右端が安珍地蔵、その隣は阿弥陀如来、中央手前はぜんそく地蔵、左端にまた阿弥陀如来がまつられている

◆新西国霊場刈田三十三番札所
第三十三番

延命寺

宗派：真言宗智山派
所在地：宮城県白石市不澄ケ池68
電話番号：0224-26-3216
拝観時間：境内拝観自由
交通：JR東北本線白石駅下車、徒歩８分

毎年10月第２日曜に「ぼけ除け・ころり観音祭典」が行なわれる

伊達政宗《だてまさむね》ゆかり　飛不動尊《とびふどうそん》

老後の幸福を〝小原《おばら》ぼけ除け・ころり観音〟

観音さま

宮城県白石市

東北

白石《しろいし》市南西部、小原《おばら》地区に飛不動尊《とびふどうそん》がある。国指定天然記念物で知られる材木岩の近くであり、寒成山《かんなりやま》登山道の入口になっている。

安土桃山時代、仙台藩主伊達政宗《だてまさむね》が厄除け・難除け・藩内安全を願って不動明王をまつってお堂を建てたのが始まりだ。

「飛不動尊」の命名は以下の伝説による――。当初は現在地から少し離れたところにお堂があったが、創建の三年後に焼失。そのとき、不動明王は自ら近くの虎岩の岩窟に飛び込んで難を避けた。また、江戸時代中期の大地震の際には、大きな岩石が落ちてお堂が大破したが、不動尊は無事だった。その後、お堂は現在地に移され、この伝説から厄除け・難除けの霊験が広く知られ、多くの人々の信仰を集めている。明治以降は「身代わり不動」として出征者の参詣が絶えなかったそうだ。

境内の〝小原ぼけ除け・ころり観音〟は、平成七年に別当寺院の清光寺吉野範雄住職が建立した。長寿はたいへん喜ばしいことだが、

飛不動尊堂の前にはお不動さまの
大きな剣が立っている

多くの人たちが自身の老後に不安を抱いていることも事実。観音さまはさまざまな姿に変身し、自由自在に私たちを苦しみや悩みから救ってくれる仏さまだ。そこで、「ぼけずに、誰にも迷惑をかけないでコロリと往《い》ける」ことを祈願し、多くの人たちの心の支えになることを願って建立したそうだ。

また、境内には夫婦杉がある。その昔、飛不動尊を信仰する二人がここで祝言を挙げた。そのときに家内安全と災難消除を祈願して一本ずつ杉の苗を植えた。この杉は根本が一体となって成長し、夫婦も白寿まで仲よく、子宝にも恵まれて幸せに暮らしたという。祝言が四月八日だったことにちなんで、**八のつく日に飛不動に参拝すると、夫婦円満、子孫繁栄、家内安全、良縁のご利益が大きい**といわれている。

〔周辺散策〕
七ヶ宿《しちがしゅく》ダムのすぐ下は、**材木岩公園**として整備され、市民の憩いの場になっている。天然記念物の材木岩を一望でき、また噴水や親水路、釣り堀などがあり、自然の中で水に親しめる。農家レストラン、農産物直売所などもある。

飛不動尊堂の前にある夫婦杉

飛不動尊

所在地：宮城県白石市小原江志山６－１
電話番号：0224-29-2167（清光寺）
拝観時間：境内拝観自由
交　通：JR東北本線藤田駅より車で40分
※JR東北新幹線白石蔵王駅より平日のみバスあり。バス終点から徒歩20分（車で45分）

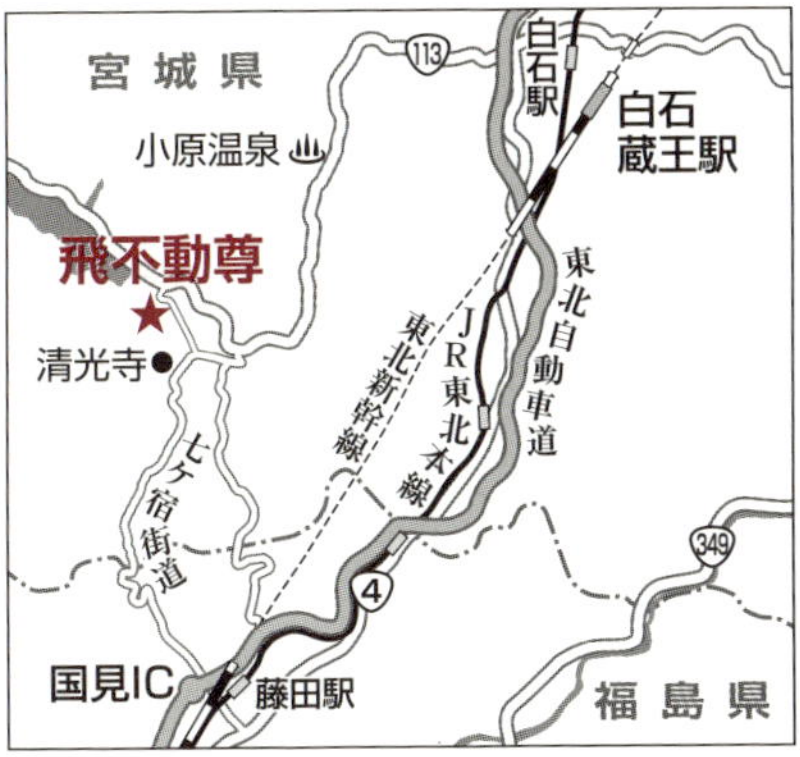

東北

野口英世ゆかりのお寺 弘安寺《こうあんじ》

中田観音の抱きつき柱に安楽往生を願う

観音さま

福島県会津美里町

東北

中田観音の抱きつき柱

会津ころり三観音のひとつ〝中田観音〟の正式名称は「普門山《ふもんざん》 弘安寺《こうあんじ》」。山門の大わらじが目印となっているが、近寄ると小さなわらじもたくさん掛けられている。これは、足の健康や旅の安全を祈って奉納されたもののようだ。

本尊の金銅造《づくり》の十一面観音菩薩、脇侍の不動明王と地蔵菩薩は、鎌倉時代中期に地元の有力者である江川長者が、十七歳で早世した愛娘の供養のためにまつったといわれる。いずれも国指定の重要文化財になっている。

ふだんは秘仏になっており、開帳されるのは正月、おこもり大祭（四万八千日大祭、八月九日～十日）、菊祭り大祭（十一月一日～十日）と祈祷時のみ。

お寺の縁起によると、建立当初の供養のときに観音

大きなわらじが掲げられた山門

だきつき柱は観音堂の右手

さまが現れて**「我の前に来て手を合わせ、柱に抱きつき、死病の床に着いたときには、長患いをせぬよう三日、五日、七日長くて十日と念願せよ」**とお告げになったという。その抱きつき柱は観音堂（本堂）内右側にある。

中田観音は、会津が生んだ世界的な医聖、野口英世《ひでよ》の母シカも信仰し、毎月十七日の観音さまの縁日には観音堂に一晩おこもりをして英世の無事を祈願した。一九一五（大正四）年に郷里に帰った英世は、母とともにお礼まいりをしたことで知られる。

観音堂内には、そのときの写真が展示されている。

下《しも》の世話にならないことを願って持参した**肌着に朱印**を押してくれるお寺も多いが、**中田観音では十二年に一度、巳《み》年に限って受け付けている。**

◆会津ころり三観音　◆会津六詣で
◆会津十二薬師　第九番札所
◆会津三十三観音　第三十番札所

中田観音堂

中田観音 弘安寺

宗派：曹洞宗
所在地：福島県大沼郡会津美里町米田堂ノ後甲147
電話番号：0242-78-2131
拝観時間：境内9時～16時
交通：JR只見線根岸駅下車、徒歩10分
拝観料：観音堂入堂500円
※前日までに申し込みが必要。個人拝観日は月・水・金曜午前10時のみ

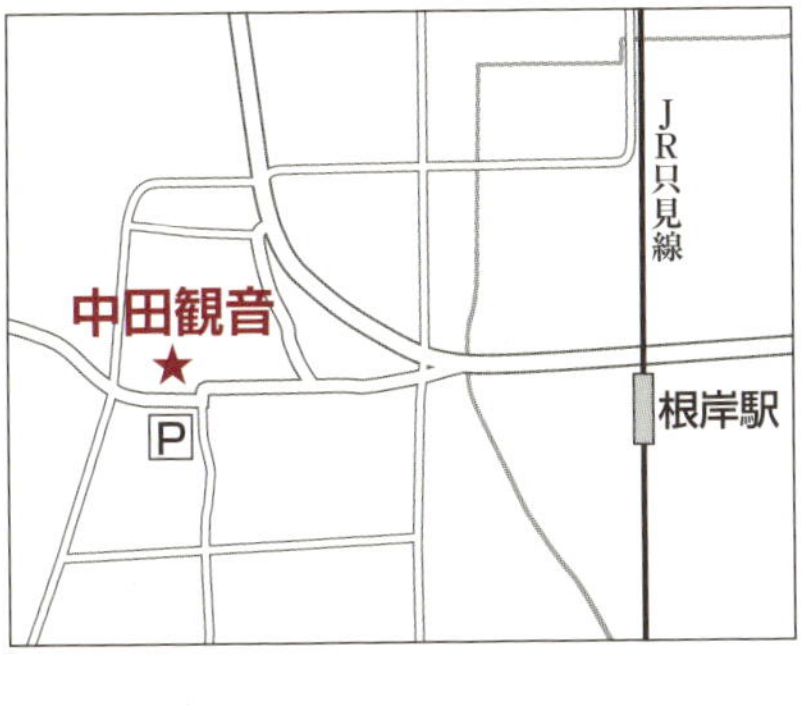

例大祭の８月17日・18日には立木観音の前の大斗帳が全開される

日本屈指の巨大千手観音が待ち受ける

どんな願いもコロリとかなう立木観音

恵隆寺《えりゅうじ》

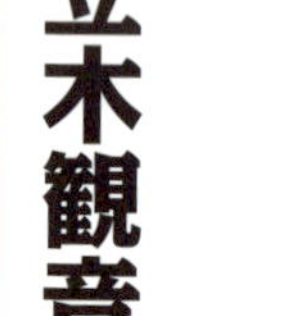

観音さま

福島県会津坂下町

東北

〝立木観音〟で知られる金塔山《きんとうざん》 恵隆寺《えりゅうじ》は、欽明《きんめい》天皇の時代の五四〇年に中国僧の青岩《せいがん》が開いたと伝えられる。正確なところは不明だが、日本への仏教公伝は五三八年とも五五二年ともいわれており、日本屈指の古刹であることに違いない。

本尊の立木観音は、諸国行脚《あんぎゃ》中に会津に足を留めていた弘法大師空海《くうかい》の八〇八（大同《だいどう》三）年の作とされる。あるとき霊験を覚えた空海が、根のある柳の大木に向かって精魂込めて十一面千手観音立像を刻んだという。その高さは八・五メートル。千手観音では日本でも最大級だ。観音堂（本堂）とともに国の重要文化財に指定されている。

また、立木観音の従者である風神・雷神や二十八部宗の仏像郡は圧巻だ。

再建された小金塔

長寿・安眠の枕カバー（護符入り）500円

観音堂内のだきつき柱

〝ころり観音〟といわれるゆえんは、誠心誠意心願すれば、老若男女、貧富の差を問わずすべての人々に平等に、いかなるご利益でもコロリと簡単に授かるというものだった。それがいつしか、高齢者が極楽往生を心願すれば、長患いすることなく、コロリと旅立てるというご利益が有名になった。

観音堂内の右側にある**「だきつき柱」に抱きついて上を眺めれば、ちょうど観音さまのやさしい顔を拝むことができる。**観音堂の外の柱も「外陣だきつき柱」となっている。

◆会津ころり三観音　◆会津六詣で
◆会津二十一地蔵尊　第十五番札所
◆会津三十三観音　第三十一番札所
◆会津十二支守り本尊　子年（千手観音）

立木観音 恵隆寺

宗派：真言宗豊山派
所在地：福島県河沼郡会津坂下町塔寺松原2944
電話番号：0242-83-3171
拝観時間：9時～16時
交通：JR只見線会津坂下駅よりバス立木観音前下車、徒歩1分（車で10分）
拝観料：観音堂300円

http://tachikikannon.jp/

立木観音堂は昔ながらの茅葺きだ

子授け・安産・子育て・厄除け・健康・長寿・安楽往生の鳥追観音

仏都会津の祖 徳一《とくいつ》大師ゆかり 如法寺《にょほうじ》

会津の西方浄土〝鳥追《とりおい》観音〟

観音さま

福島県西会津町

東北

「鳥追《とりおい》観音」として知られる金剛山《こんごうざん》如法寺《にょほうじ》の本尊は、奈良時代の名僧行基《ぎょうき》作の正《しょう》（聖）観音。その胎内仏として、小さな一寸八分（約五・五センチ）の観音像が納められている。胎内仏は、行基が諸国行脚《あんぎゃ》中にこの地で、子宝に恵まれず、また鳥獣害による不作に苦しむ農夫に授けた仏さまで、これがもともとの鳥追観音さまだ。本尊の鳥追観音は秘仏で、正月、五月～六月の鳥追観音若葉祭（春例大祭）、十月～十一月の紅葉祭（秋例大祭）など行事の期間中に開帳されている。

江戸時代に再建された観音堂（本堂）は特殊な構造になっている。本尊は南を向いていて、東西と南の三方が開いている。参詣者は東から入って西に出る。これは、西方浄土への往生をお願いするという意味がある。

ころり往生でのお参りの仕方は、**まず本尊にお参りし、それから堂内左側の身代わりなで仏（金剛寿命尊）をなでて祈**

念する。もし病弱でお寺までお参りに来られない方は、**代わりの方がその人の肌着を持参し、身代わりなで仏をなでるとよい。**そのようにお参りすれば、病魔を取り除いて身心が軽くなり、死病のときには願う月日に観音さまのお迎えがあるという。

観音堂の彫刻は江戸時代初期の名彫刻師左甚《ひだりじん》五郎《ごろう》作とされ、「隠れ三猿」「昇り龍、降り龍」「梅に鶯」などがある。東口にある**「隠れ三猿」を見つけられると幸福が訪れる**という言い伝えがある。

◆会津ころり三観音　◆会津六詣で
◆会津徳一大師五大寺
◆会津三十三観音　番外別格結願所

手前が「善女柱」、奥が「善男柱」と呼ばれる抱きつき柱

〔周辺散策〕

鳥追観音の隣には、手打ち蕎麦店の**観音茶屋**がある。地粉で打ち上げた十割そば、奥会津の深山料理、焼き団子などが楽しめ、土産品もそろえている。

ここは、会津ころり三観音奉賛会事務局になっている。

身代わりなで仏

鳥追観音 如法寺

宗派：真言宗室生寺派
所在地：福島県耶麻郡西会津町野沢如法寺乙3533
電話番号：0241-45-2061
拝観時間：4月～11月8時30分～16時30分、12月～3月9時～16時
交通：JR磐越西線野沢駅よりバス鳥追観音前下車（車で7分）

http://www.torioi.com/

三方開きの鳥追観音堂。東口正面

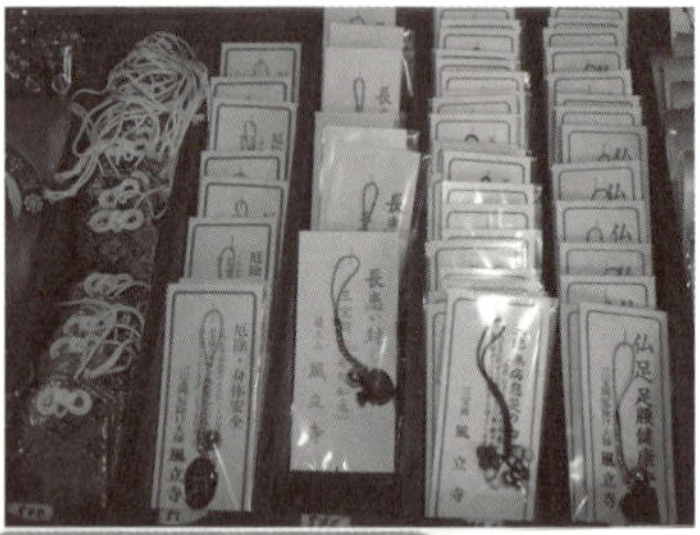

風立寺（P.124）
お守り各種　500円
三宝岡阿弥陀如御朱印　100円
三宝岡阿弥陀如来祈祷枕カバー　600円
三宝岡阿弥陀如来祈祷札（お札のみ）　500円

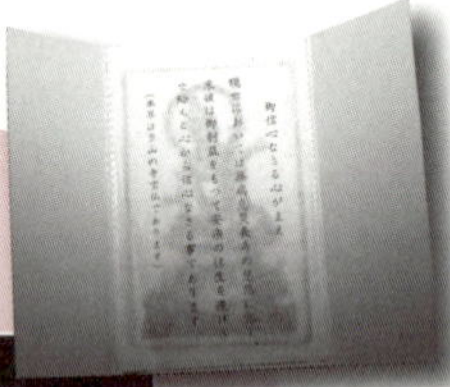

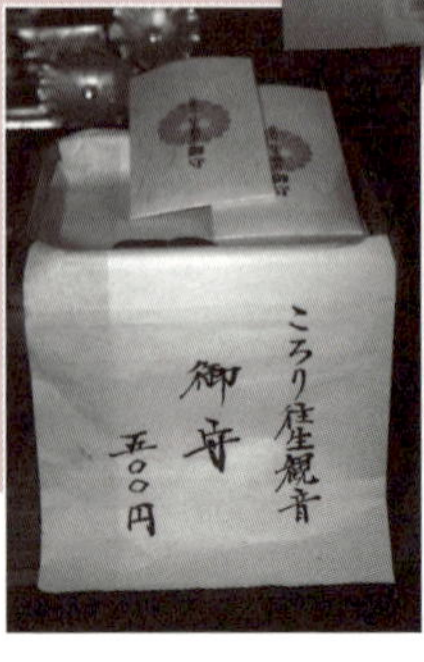

平泉寺（P.126）
お守り各種　300円〜
ころり往生観音お守り　500円

東北

東北のお守り＆ご利益グッズ

飛不動尊（P.132）
小原ぼけ除け・ころり観音お守り　500円
小原ぼけ除け・ころり観音祈祷札　1000円

中田観音（P.134）
中田十一面観音祈祷札　1000円
中田十一面観世音土守　600円
（観音像鋳造時の砂入り）
会津ころり三観音掛軸　2000円

東北

東北のお守り＆ご利益グッズ

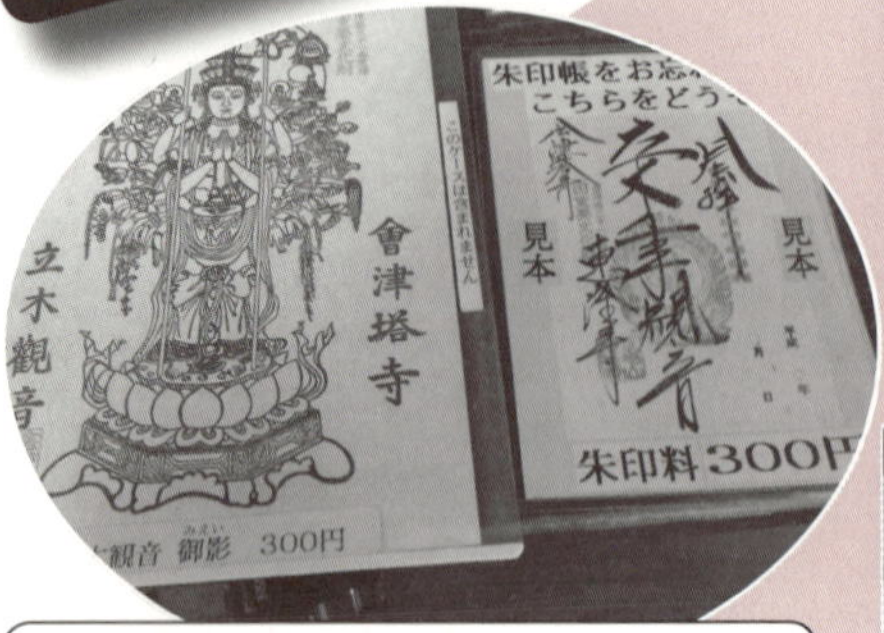

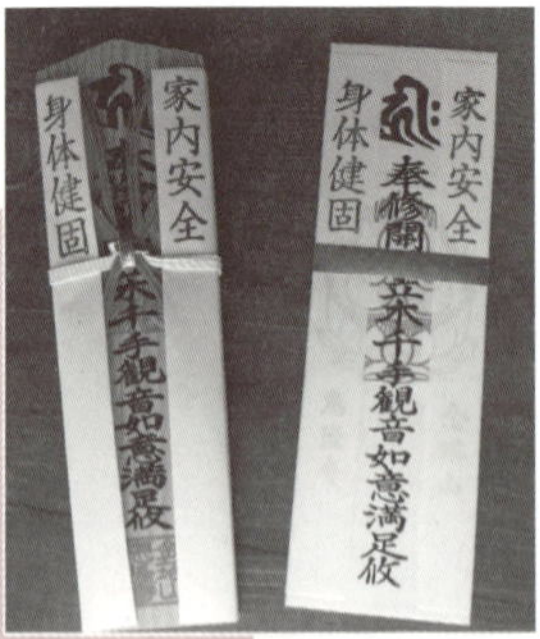

立木観音（P.136）
立木千手観音御影と御朱印　各300円
立木千手観音祈祷札（木札）　1000円
立木千手観音祈祷札（紙札）　500円～
お守り各種　500円～

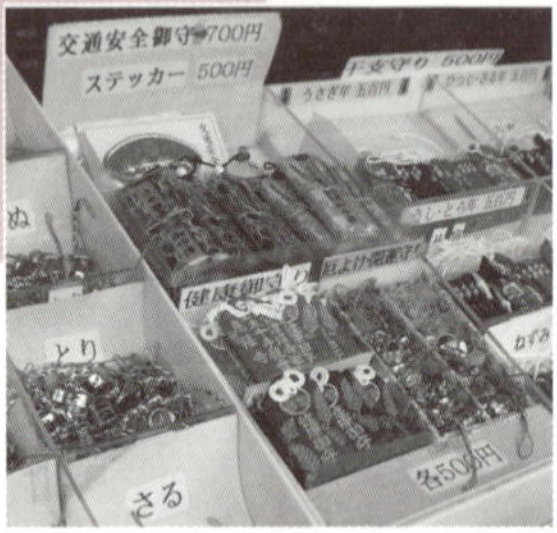

鳥追観音（P.138）
お守り各種　500円～
鳥追観音厄除・長寿・安楽の
菊供養祈祷札　1000円
鳥追観音願い事納め札　200円

5

まだまだある!
全国のポックリ往生パワースポット

ひっそりたたずむ　ポックリさん

知る人ぞ知るポックリ信仰スポットを探してきました。地図やカーナビにも載っていない小さな祠《ほこら》や道端にたたずむお地蔵さんもあります。ポックリさん探しの小旅行に出かけてみてはいかがですか。

県	名　称	住所〔最寄り駅〕・電話	ご利益／備考
秋田	長谷寺《ちょうこくじ》 コロリ地蔵	湯沢市柳町2丁目4-31 〔JR奥羽本線湯沢駅〕 電話0183-73-3428	安楽往生／コロリ地蔵と呼ばれているが、じつは大日如来石像
群馬	聖不動威怒明王尊像社《しょうふどういぬみょうおう》 ポックリ不動尊	安中市下秋間寺山 〔JR信越本線安中駅〕 電話027-382-0525（桂昌寺）	無病息災、安楽往生／桂昌寺の裏山にある
	駒形《こまがた》長寿観音堂 ポックリ観音	前橋市駒形町476-1 〔JR両毛線駒形駅〕 電話027-266-0971（詰所）	除厄・長寿・安楽往生／毎月18日が縁日／老人クラブの有志が管理
茨城	久昌院《きゅうしょういん》 ポックリ地蔵 （顔無《かおなし》地蔵菩薩）	古河市山田503 〔JR東北本線古河駅〕 電話0280-78-0224	安楽往生／久昌院の山門前にある
	鹿島神社 ポックリ地蔵	取手市萱場〔JR常磐線藤代駅〕 電話0297-74-0217 （取手市観光協会）	安産、長寿・極楽往生／萱場集会場の前にある
	長福寺《ちょうふくじ》 ぽっくり観音 ・呆除《ぼけよけ》不動	取手市野々井1432 〔関東鉄道常総線新取手駅〕 電話0297-74-0217 （取手市観光協会）	安楽往生・ぼけ除け／ぽっくり観音堂と呆除不動堂にまつられている
	ぽっくり榎《えのき》大師	取手市小文間5570 〔JR常磐線・関東鉄道常総線取手駅〕 電話0297-74-0217 （取手市観光協会）	安楽往生／南会館集会所の隣にある
千葉	顕妙寺《けんみょうじ》 保久利大権現	いすみ市長志193 〔JR外房線大原駅〕 電話0470-66-1777	不老長寿・安楽往生／高松市の保久俚大権現より勧請
	ポックリ弁天	佐倉市生谷498-2 〔京成本線京成臼井駅〕 電話043-486-6000 （佐倉市観光協会）	無病息災、長寿・ポックリ大往生／専栄寺の横の弁天堂にまつられている
山梨	下田のお地蔵さん	甲府市向町568　玉諸公園内 〔JR中央本線酒折駅〕 電話055-237-1161 （甲府市広報課）	安楽往生／願掛け地蔵がいつしかぽっくり地蔵に
新潟	禅長寺《ぜんちょうじ》 ぽっくり地蔵	佐渡市赤泊641〔赤泊港〕 電話0259-87-2054	無病息災・安楽往生
	管明寺《かんめいじ》 ぽっくり地蔵	佐渡市上新穂659〔両津港〕 電話0259-22-2257	無病息災・安楽往生

＊観光協会等への問い合わせは所在地の確認のみでお願いします

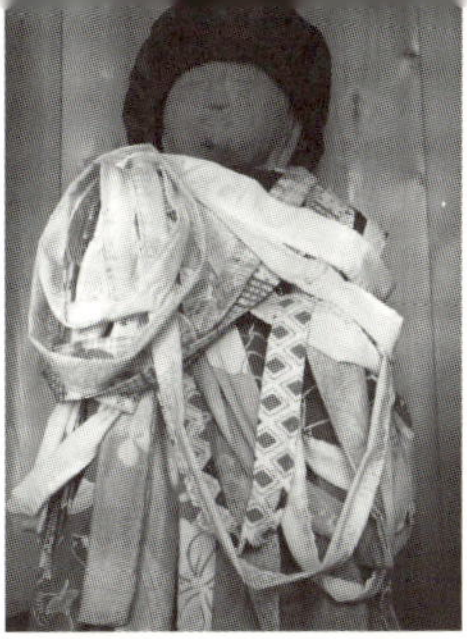

鹿島神社 ポックリ地蔵
（茨城県取手市萱場）

ぽっくり榎大師
（茨城県取手市小文間）

長福寺 ぽっくり観音
（茨城県取手市野々井）

県	名　称	住所〔最寄り駅〕・電話	ご利益／備考
静岡	天王山ぽっくり地蔵	島田市川根町家山　天王山公園内 〔大井川鉄道大井川本線家山駅〕 電話0547-36-7163 （島田市観光文化課）	長寿・安楽往生／天王山の中腹にある
	極楽寺《ごくらくじ》（あじさい寺） 遠州ぽっくりさま	周智郡森町一宮5709 〔天竜浜名湖鉄道天浜線遠江一宮駅〕 電話0538-89-7407	安楽往生／子安延命堂にまつられている
愛知	寂光院《じゃっこういん》 大随求尊《だいずいぐそん》	犬山市継鹿尾山 〔名鉄犬山線犬山遊園駅〕 電話0568-61-0035	下の世話にならない／七七月（ななつき）参り（毎月5日、18日）
三重	神宮寺《じんぐうじ》 白寿観音菩薩	松阪市嬉野森本町750 〔近鉄大阪線伊勢中川駅〕 電話0598-43-2228	ぼけ封じ／ぼけ封じ祈祷をしていただける
福井	神明《しんめい》神社 ころり観音	越前市三ツ口町122 〔JR北陸本線武生駅〕 電話0778-22-3007 （越前市商業・観光振興課）	安楽往生
奈良	長岳寺《ちょうがくじ》 ぼけよけ地蔵	天理市柳本町508 〔JR桜井線柳本駅〕 電話0743-66-1051	ぼけ除け／10月23日〜11月30日に狩野山楽筆の大地獄絵を開帳
兵庫	三川山《みかわさん》蔵王大権現社 ぽっくり尊	美方郡香美町香住区三川117 〔JR山陰本線佐津駅〕 電話0796-36-3355 （香美町観光商工課）	安楽往生／日本百八十八ヶ所お砂踏みがある
岡山	福王寺《ふくおうじ》 ぽっくり地蔵	真庭市蒜山中福田252 〔JR姫新線中国勝山駅〕 電話0867-66-3306	安楽往生
	井倉洞《いくらどう》 ぽっくり地蔵	新見市井倉409〔JR伯備線井倉駅〕 電話0867-75-2224	無病息災・安楽往生／井倉洞の駐車場にある
広島	神宮寺《じんぐうじ》 ぽっくり地蔵	庄原市西城町中野834 〔JR芸備線備後西城駅〕 電話0824-82-3062	健康長寿・安楽往生／八十八ヶ所ミニ霊場めぐりがある
鳥取	法泉寺《ほうせんじ》 ポックリ寺	鳥取市立川町1丁目151 〔JR山陰本線鳥取駅〕 電話0857-23-1864	お参りすると苦しまずに往生できるお寺
愛媛	観自在寺《かんじざいじ》 お忘れぽっくり地蔵	南宇和郡愛南町御荘平城2253 〔JR予讃線宇和島駅〕 電話0895-72-0416	ぼけ封じ・安楽往生

ぼけ封じ霊場めぐり

「ぼけ封じ」を目的とした観音霊場、地蔵霊場も人気があります。札所の順番どおりにめぐる必要はなく、自分の都合や体力に合わせて数カ寺ずつめぐるとよいでしょう。すべての札所をめぐり終えたときの達成感は何ものにも代えがたいですね。

【ぼけよけ二十四地蔵尊霊場】

1988（昭和63）年開創のぼけ除け祈願の霊場。奈良県、大阪府、和歌山県の24カ寺、番外の秋田市 玉龍寺で構成されています。全札所に、お地蔵さまの足元でおじいさんとおばあさんが数珠を掛けてお祈りしている姿があります。

札番	寺院名	所在地
1番	法輪寺	和歌山県和歌山市吉田495
2番	高野寺	和歌山県和歌山市元寺町北1-18
3番	禅林寺	和歌山県海南市幡川424
4番	得生寺	和歌山県有田市糸我町中番229
5番	浄教寺	和歌山県有田郡有田川町長田542
6番	善徳寺	和歌山県田辺市芳養松原1-17-14
7番	観福禅寺	和歌山県西牟婁郡白浜町栄162
8番	普門院	和歌山県橋本市高野口町伏原154
9番	生蓮寺	奈良県五條市二見7-4-7
10番	西方寺	奈良県五條市新町2-6-10
11番	観音院	奈良県御所市神宮町1334
12番	泉徳寺	奈良県吉野郡大淀町今木1394
13番	菅生寺	奈良県吉野郡吉野町平尾150
14番	妙法寺	奈良県橿原市東池尻町420
15番	桂林寺	奈良県天理市九条町565
16番	長岳寺	奈良県天理市柳本町508
17番	蓮光寺	大阪府河内長野市長野町11-22
18番	地蔵寺	大阪府和泉市善正町329
19番	羅漢寺	大阪府和泉市平井町631
20番	弘法寺	大阪府和泉市万町1022
21番	太平寺	大阪府堺市西区太平寺町563
22番	禅寂寺	大阪府和泉市阪本町551
23番	長慶寺	大阪府泉南市信達市場815
24番	宝樹寺	大阪府泉南郡岬町深日3175-5
番外	玉龍寺	秋田県秋田市雄和女米木宝生口145

1番 法輪寺

事務局：電話073-423-2726（法輪寺）

【東海白寿三十三観音霊場】

1993（平成5）年に開創された、長寿・健康・ぼけ封じ・中風封じなどにご利益のある東海地方の霊場。特別札所の青岸渡寺をはじめ、和歌山県、愛知県、岐阜県、三重県にわたる34カ寺からなります。全札所に白寿観音がまつられています。

札番	寺院名	所在地
特別	**青岸渡寺**	和歌山県東牟婁郡那智勝浦町那智山8
1番	**東仙寺**	和歌山県新宮市新宮4603-1
2番	**東正寺**	三重県南牟婁郡紀宝町鵜殿686
3番	**慈雲寺**	三重県熊野市紀和町小栗須41
4番	**安楽寺**	三重県熊野市有馬町1802
5番	**海恵寺**	三重県熊野市磯崎町745
6番	**佛光寺**	三重県北牟婁郡紀北町紀伊長島区長島1226
7番	**長久寺**	三重県度会郡大紀町大内山705
8番	**東漸寺**	三重県松阪市飯高町森1628
9番	**中山寺**	三重県伊勢市勢田町411
10番	**廣泰寺**	三重県度会郡玉城町宮古1277
11番	**神宮寺**	三重県松阪市嬉野森本町750
12番	**観慶寺**	三重県津市片田久保町240
13番	**九品寺**	三重県伊賀市守田町1194
14番	**新大仏寺**	三重県伊賀市富永1238
15番	**神福寺**	三重県亀山市加太市場1718-2
16番	**養福禅寺**	三重県鈴鹿市東庄内町545
17番	**江西禅寺**	三重県鈴鹿市深溝町1614
18番	**龍雲寺**	三重県いなべ市藤原町鼎1166
19番	**宝光院**	岐阜県大垣市野口1-39-1
20番	**地泉院**	愛知県稲沢市祖父江町神明津231
21番	**金剛寺**	愛知県岩倉市東町東市場屋敷24
22番	**大宝院**	愛知県江南市松竹町八幡153
23番	**昌福寺**	愛知県春日井市松河戸町742
24番	**正願寺**	岐阜県可児郡御嵩町中切1224-1
25番	**萬勝寺**	岐阜県恵那市山岡町馬場山田175
26番	**白川寺**	岐阜県加茂郡白川町河岐1628
27番	**信貴山山王坊**	岐阜県下呂市森2318-3
28番	**東禅寺**	岐阜県加茂郡七宗町神渕15012
29番	**香林寺**	岐阜県関市西神野1419
30番	**不動院**	岐阜県岐阜市日野西2-9-10
31番	**美江寺**	岐阜県岐阜市美江寺町2-3
32番	**法華寺**	岐阜県岐阜市三田洞131
33番	**華厳寺**	岐阜県揖斐郡揖斐川町谷汲徳積23

31番 美江寺

事務局：電話058-245-3050（不動院）

【近畿楽寿観音三十三ヶ所霊場】

1989（平成元）年に京都府、兵庫県、滋賀県の33カ寺で発足したぼけ封じをメインにした観音霊場。健康・信仰・観光の〝三幸〟をスローガンとしています。33番結願札所は、大弁才天で有名な琵琶湖竹生島の宝厳寺。

28番 覚伝寺

札番	寺院名	所在地
1番	成相寺	京都府宮津市字成相寺339
2番	泰平寺	京都府京丹後市久美浜町壱分901
3番	極楽寺	兵庫県豊岡市城崎町湯島801
4番	隆国寺	兵庫県豊岡市日高町荒川22
5番	日光院	兵庫県養父市八鹿町石原450
6番	法雲寺	兵庫県美方郡香美町村岡区村岡2365
7番	光明寺	兵庫県美方郡香美町小代区平野400
8番	蓮華寺	兵庫県養父市大屋町夏梅682
9番	常楽寺	兵庫県宍粟市一宮町百千家満781
10番	誠心院	兵庫県たつの市龍野町日山678
11番	光明寺	兵庫県赤穂市東有年624
12番	七宝寺	兵庫県神崎郡神河町大山117
13番	願成寺	兵庫県朝来市生野町円山224-1
14番	常瀧寺	兵庫県丹波市青垣町大名草481
15番	安海寺	兵庫県多可郡多可町八千代区中村220
16番	和田寺	兵庫県篠山市今田町下小野原69
17番	松隣寺	兵庫県篠山市本郷801-1
18番	白毫寺	兵庫県丹波市市島町白毫寺709
19番	安養院	京都府福知山市猪野々 50
20番	観音寺	京都府福知山市大江町南山995
21番	正暦寺	京都府綾部市寺町堂ノ前45
22番	大聖寺	京都府舞鶴市北吸970
23番	祥雲寺	京都府船井郡京丹波町大迫36
24番	教伝寺	京都府南丹市園部町新町火打谷5
25番	谷性寺	京都府亀岡市宮前町猪倉土山39
26番	成就院	京都府南丹市日吉町殿田ヒノ谷8
27番	大聖院	京都府京都市右京区京北上弓削町上ノ段36
28番	覚伝寺	滋賀県高島市新旭町饗庭2369
29番	大崎寺	滋賀県高島市マキノ町海津128
30番	西福寺	滋賀県米原市長岡1166
31番	慈眼寺	滋賀県彦根市野田山町291
32番	慈眼院	滋賀県蒲生郡日野町大窪1317
33番	宝厳寺	滋賀県長浜市早崎町1666

事務局：電話0740-25-2217（覚伝寺）

【ぼけ封じ近畿十楽観音霊場】

1983（昭和58）年に開創されたぼけ封じ観音をまつる10カ寺で構成される霊場。すべてが真言宗のお寺で構成され、滋賀県、京都府、大阪府、兵庫県にまたがっています。発願寺（1番札所）の今熊野観音寺では、ぼけ封じに霊験のある「枕宝布」（枕カバー）が求められます。

札番	寺院名	所在地
1番	**今熊野観音寺**	京都府京都市東山区泉涌寺山内町32
2番	**千本釈迦堂 大報恩寺**	京都府京都市上京区溝前町1034
3番	**勝龍寺**	京都府長岡京市勝竜寺19-25
4番	**正法寺**	滋賀県大津市石山内畑町82
5番	**玉桂寺**	滋賀県甲賀市信楽町勅旨891
6番	**総持寺**	大阪府茨木市総持寺1-6-1
7番	**太融寺**	大阪府大阪市北区太融寺町3-7
8番	**大龍寺**	兵庫県神戸市中央区再度山1
9番	**七宝寺**	兵庫県神崎郡神河町大山110
10番	**常瀧寺**	兵庫県丹波市青垣町大名草481

10番 常龍寺

事務局：電話072-622-3209（総持寺）

【大和ぼけ封じ霊場会】

昔、安倍文殊院とおふさ観音（観音寺）の間は「大和《やまと》長寿道」として長寿祈願の参拝者が歩いたそうです。その由来から大和ぼけ封じ霊場ができました。安倍文殊院が〝頭からのぼけ封じ〟、おふさ観音が〝身体からのぼけ封じ〟とされており、２カ寺でぼけ封じ祈祷を受けて「合わせ祈祷札」をいただけば、長寿とぼけ封じがかなうといわれます。

寺院名	所在地
安倍文殊院	奈良県桜井市安倍645
おふさ観音（観音寺）	奈良県橿原市小房町6-22

安部文殊院：電話0744-43-0002

おふさ観音（観音寺）：電話0744-22-2212

寺社のお参りの仕方

お寺や神社をお参りするときの礼儀作法は意外と知らないもの――。ちょっとした作法を覚えているだけで落ち着いてお参りができ、神仏からのご利益もタップリいただけるでしょう。ここでは、寺社をお参りするときの一般的な作法を紹介します。

【お寺の場合】

❶門前で立ち止まり、帽子を取って一礼してから門をくぐる――お寺や神社の敷地を「境内《けいだい》」といいますが、これは聖域と俗世間の「境」を示す言葉です。ですから、私たちが境内に入ることは、**神仏の世界へ足を踏み入れる**ことなのです。

❷手水舎《ちょうずや》があれば、そこで手と口をすすいで清める――右手に柄杓《ひしゃく》を持って水を汲み、少量の水で左手を清め、柄杓を左手に持ち替えて右手を清めます。柄杓をまた右手に持ち替えて左手の手のひらをまるめ、そこに水をためて口に含み、静かに吐き出します。**柄杓に直接口をつけない**のがマナーです。

❸鐘を撞《つ》く――自由に鐘を撞けるお寺では、**仏さまへの挨拶**の意味で鐘を撞きましょう。

❹本堂へ行き、まず本尊にお参りする――賽銭《さいせん》を入れて、手を合わせて静かに目を閉じるだけでもよいですが、本尊が阿弥陀さまだったら**南無阿弥陀仏《なむあみだぶつ》**、観音さまだったら**南無観世音菩薩《なむかんぜおんぼさつ》**ととなえます。「南無」とは、「信じる」「頼りにする」という意味です。

❺境内のぽっくり仏さまなどをお参りし、寺務所でお守りやお札などをいただく

❻門を出たら一礼を忘れない――お参りを終えて聖域から俗世間へ戻ったら、振り向いて一礼し、お参りを終えます。

【神社の場合】

神社のお参りの仕方も、礼拝の作法が違うだけでほかはお寺の場合と同じです。

❶鳥居の前で立ち止まり、帽子を取って一礼してから鳥居をくぐる

❷手水舎《ちょうずや》があれば、そこで手と口をすすいで清める

❸神殿の前で参拝する――賽銭《さいせん》を入れ、鈴を鳴らします。**鈴は邪気を払う**意味があります。そして姿勢を正し、**二礼二拍手一礼**の参拝を行ないます。出雲大社系の神社は「二礼四拍手一礼」です。

❹境内のぽっくり神さまなどをお参りし、社務所でお守りやお札などをいただく

❺鳥居を出たら一礼を忘れない

仏像の種類とご利益

お寺で仏さまの顔を見ると、不思議と癒された気持ちになりませんか——。仏像はお釈迦さまの教えを表現したものです。ここでは、阿弥陀さま、お薬師さま、お地蔵さまなど、〝ぽっくり信仰〟に関係している仏さまを中心に、その特徴や役割を紹介します。

【如来《にょらい》】

「悟りを開いた者」「悟りの世界から来た者」という意味です。安らかに暮らせる方法を説く仏さまであり、仏の国である浄土から、いつも私たちを見守っていてくださいます。如来像の多くは一枚の布をまとっただけの出家者の姿で、装飾品なども身に着けていません。ここに紹介する釈迦如来、阿弥陀如来、薬師如来のほか、真言密教の本尊である大日如来《だいにちにょらい》などがいます。

お釈迦さま［釈迦如来《しゃかにょらい》］［釈迦牟尼仏《しゃかむにぶつ》］

仏教を開いたお釈迦さまをモデルとした、まさに〝ザ・仏像〟という存在で、誕生仏から涅槃仏《ねはんぶつ》までさまざまな姿の像があります。釈迦如来は、私たちを苦しみから救い、幸せに生きる方法を説いてくれます。

阿弥陀さま［阿弥陀如来《あみだにょらい》］［阿弥陀仏《あみだぶつ》］

私たちを必ず極楽浄土に往生させてくれる、ぽっくり信仰を代表する仏さまです。日の沈む西方彼方の極楽《ごくらく》浄土に住む仏さまで、慈悲の光（後《ご》光《こう》）で私たちをいつも照らしてくれています。阿弥陀仏像の光背は、その様をあらわしたものです。

お薬師さま［薬師如来《やくしにょらい》］［薬師仏《やくしぶつ》］

薬師如来像の多くは左手に薬壺を持っています。「医王如来《いおうにょらい》」ともいう。その名前から病気平癒の役割を担って、古くから信仰されてきました。東方彼方の瑠《る》璃《り》浄土に住む仏さまで、衣食を満たす、苦悩を取り除くなどの現《げん》世《ぜ》利《り》益《やく》があるとされています。

【菩薩《ぼさつ》】

「悟りを求めて修行する者」という意味です。如来の弟子として私たちを救い、願いをかなえることを修行として行なっています。菩薩像の多くは装飾品をたくさん身に着け、さまざまな持ち物を携えています。これは、仏の教えのありがたさを私たちに一目でわからせるためです。ほかにも多くの菩薩がいます。

お地蔵さま［地蔵菩薩《じぞうぼさつ》］

私たちの生活に溶け込んだ最も親しみのある仏さまです。地獄に堕ちる人々をも救い出し、極楽浄土へ案内してくれるのがお地蔵さまの役割です。延命地蔵、身代わり地蔵、水子地蔵など、それぞれの願いに合わせてお参りできます。ぽっくり信仰で最も多い仏さまです。

観音さま［観音菩薩《かんのんぼさつ》］

勢至菩薩《せいしぼさつ》とともに阿弥陀如来の脇侍でもあり、私たちの悩み事を何でも聞いてくれる仏さまです。「観世音菩薩《かんぜおんぼさつ》」「観自在菩薩《かんじざいぼさつ》」とも呼ばれ、私たちのあらゆる願いに応えるために変幻自在に変身します。基本的な姿が聖観音《しょうかんのん》で、そのほかに十一面観音《じゅういちめんかんのん》、千手観音《せんじゅかんのん》、如意輪観音《にょいりんかんのん》などがいます。

【明王《みょうおう》】

明王《みょうおう》の多くは忿怒《ふんぬ》の形相で、背中に火焔《かえん》を背負っています。これは煩悩を焼き尽くすためです。如来や菩薩がやさしい言葉で教えを説いても聞き入れない人たちに怒りの表情で迫り、仏心を起こさせて救済するのです。ほかにも、降三世《ごうざんぜ》明王《みょうおう》、愛染《あいぜん》明《みょう》王《おう》、大隋求《だいずいぐ》明王《みょうおう》などがいます。

お不動さま［不動明王《ふどうみょうおう》］

大日如来《だいにちにょらい》の使者として私たちを仏の道に導いてくれます。右手の宝剣は悪縁を断ち切るため、左手には煩悩まみれの私たちを縛って引きずってでも目覚めさせるために縄（羂索《けんじゃく》という）を持っています。とくに家内安全や交通安全にご利益がある仏さまです。

うすさま［烏瑟沙摩《うすさま》明王《みょうおう》］［烏枢沙摩《うすさま》明王《みょうおう》］

すべての不浄なものを焼き尽くして清める役割を持った仏さまです。便所は不浄なところの代表であり、うすさまの火焔《かえん》によって清浄な場所に変えてくださるということから、「便所の神さま」として信仰されています。また、下《しも》の世話にならないというご利益でも知られています。

十二支でわかる守り本尊

守り本尊とは、災難などから自分を守護してくれる仏さまのこと。十二支によって仏さまが定まっています。十二支は中国の易学から誕生したものですが、それがいつしか仏教の仏さまと結びつき、信仰されるようになりました。十二支守り本尊をお参りする霊場めぐりもあります。

全部で八つの仏さましかいないのは、易学の八方位によるからです。

仏さまにはそれぞれ「真言」があります。真言とは、私たちを守ってくれる呪文のような言葉です。不安に心がゆれているとき、ここ一番で力を発揮したいときなど、仏さまの力を借りたいときに自分の守り本尊の真言をとなえてください。不思議と心が安らぎます。

子《ねずみ》年生まれ【千手観音菩薩《せんじゅかんのんぼさつ》】

真言：オン　バザラ　タラマ　キリーク
　　　ソワカ

丑《うし》年・寅《とら》年生まれ【虚空蔵菩薩《こくうぞうぼさつ》】

真言：オン　バザラ　アラタンノウ
　　　オン　タラーク　ソワカ

未《ひつじ》年・申《さる》年生まれ【大日如来《だいにちにょらい》】

真言：オン　バザラ　ダト　バン

卯《うさぎ》年生まれ【文殊菩薩《もんじゅぼさつ》】

真言：オン　アラハシャ　ノウ

酉《とり》年生まれ【不動明王《ふどうみょうおう》】

真言：ナウマク　サマンダ　バザラ
　　　ダン　カン

辰《たつ》年・巳《み》年生まれ【普賢菩薩《ふげんぼさつ》】

真言：オン　サンマヤ　サト　バン

戌《いぬ》年・亥《いのしし》年生まれ【阿弥陀如来《あみだにょらい》】

真言：オン　アミリタ　テイセイ
　　　カラ　ウン

午《うま》年生まれ【勢至菩薩《せいしぼさつ》】

真言：オン　サンザンザン　サク
　　　ソワカ

画：染川英輔　提供：観蔵院（東京都練馬区）

故人の冥福を祈る十三仏

十三仏とは、追善法要をつかさどる仏さまのこと。葬儀後、七日目ごとに四十九日まで行なわれる追善法要を終えると故人は浄土に生まれることになります。その後も決められた法要を行うことで、故人をさらなる成仏へと導きます。

追善法要	十三仏
初七日《しょなのか》（7日目）	不動明王《ふどうみょうおう》
二七日《ふたなのか》忌（14日目）	釈迦如来《しゃかにょらい》
三七日《みなのか》忌（21日目）	文殊菩薩《もんじゅぼさつ》
四七日《よなのか》忌（28日目）	普賢菩薩《ふげんぼさつ》
五七日《いつなのか》忌（35日目）	地蔵菩薩《じぞうぼさつ》
六七日《むなのか》忌（42日目）	弥勒菩薩《みろくぼさつ》
四十九日忌（49日目）	薬師如来《やくしにょらい》
百ヶ日忌（100日目）	観音菩薩《かんのんぼさつ》
一周忌（1年目）	勢至菩薩《せいしぼさつ》
三回忌（2年目）	阿弥陀如来《あみだにょらい》
七回忌（6年目）	阿閦如来《あしゅくにょらい》
十三回忌（12年目）	大日如来《だいにちにょらい》
三十三回忌（32年目）	虚空蔵菩薩《こくうぞうぼさつ》

七福神めぐりで招福祈願

七福神とは、七人の招福の神さまのことです。仏教にもいろいろな神さまがいますが、室町時代に七福神として成立したといわれています。そして江戸時代になって、商売繁昌、家内安全、長寿、開運などを願う「七福神めぐり」が起こり、以来現在まで根強い信仰を集めています。

弁才天《べんざいてん》（弁財天《べんざいてん》）

七福神の紅一点、インドの豊穣をつかさどる河川の女神です。日本では**音楽・芸事、蓄財の神**として有名です。

寿老人《じゅろうじん》

道教の祖である老子《ろうし》は天に昇って南極星になったとされ、その化身といわれています。とくに**「長寿」**を授けてくれます。

福禄寿《ふくろくじゅ》

中国の神で、道教の思想にある**「富」「幸福」「長寿」**をもたらしてくれます。寿老人と同一視されることがあります。

東京・谷中七福神の朱印

大黒天《だいこくてん》

インドの暗黒の神が、密教で**飲食をつかさどる神**となり、さらに日本神話の大国主命《おおくにぬしのみこと》とあわさって**財福の神**になりました。

毘沙門天《びしゃもんてん》（多聞天《たもんてん》）

もとはインドの軍神で、仏法を守護する四天王のひとり。とくに**勝負事にご利益がある**といわれています。

恵比寿《えびす》（恵比須《えびす》）

日本古来の福の神です。海の彼方からやってきて**「大漁追福」「商売繁盛」「五穀豊穣」**をもたらしてくれます。

布袋《ほてい》

中国唐《とう》時代の禅僧がモデルとされています。福々しい容姿から**「福徳円満」「無病息災」「良縁」**をもたらしてくれます。

参考文献（順不同）
『全国霊場巡拝事典』大法輪閣編集部編／大法輪閣
『病気を癒す小さな神々』立川昭二／平凡社
『ポックリ信仰』 松崎憲三著／慶友社

コロリ地蔵さん　ボケ封じ観音さん
ポックリ往生パワースポット
全国寺社完全ガイド

発行日―――2011年6月25日　第1刷発行
　　　　　　2012年8月22日　第2刷発行

編者―――青志社　文芸部

編集協力―――拓人社（小松卓郎・小松幸枝）
装丁―――高野　宏（T-ボーン）
イラスト―――亀倉秀人
MAP―――木川六秀

編集人
発行人―――阿蘇品　蔵

発行所―――株式会社 青志社
〒107-0052　東京都港区赤坂6-2-14　レオ赤坂ビル4F
Tel（編集・営業）03-5574-8511　Fax 03-5574-8512

印刷―――新灯印刷 株式会社
製本―――東京美術紙工協業組合

ISBN978-4-905042-22-8 C0095